一生食える普遍的スキルが身につく

新規事業の実践論

株式会社アルファドライブ代表取締役社長兼CEO
麻生要一

NEWS PICKS
PUBLISHING

新規事業「特区」であっても
既存事業の意見は
聞いておけ

→ 249

プラン段階で
「当社でやる意義」
は問うな

→ 102

社内プレゼンには、
「顧客の生の声」
を載せろ

→ 244

プロジェクトメンバーを
いきなり新規事業専任に
するな

→ 280

筋のいいサービスすら
最初は99.9%が否定する。
気にするな

→ 216

この本で学べる「やるべきこと」「やってはいけないこと」

初期のチーム人数は
2人が最強。
4人以上は避けろ
→ 063

顧客のところへ
「300回」行け
→ 159

画期的なアイデアが
生まれるのを待つな
→ 258

サービスのリリース直後に
マーケティングはするな
→ 197

はじめに

どんなふつうのサラリーマンも、
必ず「社内起業家」になれる

あなたは、仕事で涙したことがありますか？

解決したい課題を前に、自らの無力さを痛感し、やるせなさから涙したことがありますか？

おそらく、そんな経験のある人は多くないでしょう。でも、それが生まれるのが私が専門とする「新規事業開発」の世界です。

リクルートにいた頃のことです。高知県庁と協定を結び、一次産業を中心とした県内の課題を解決する新規事業開発プログラムを運営していたことがありました。

たくさんの社員を連れ、高知県中をあちこち動き回り、ビジネスチャンスを探っていたある夜。県内のみなさんと飲みながら対話を重ねていたとき、1人の社員が、突然泣き崩れました。

彼が対峙しようとしていた林業の課題があまりに根深いことを痛感し、何もできない自分が「悔しい」と言うのです。

「でも、必ず林業の課題を解決してみせます」

そう宣言した彼の姿は林業に携わる当事者たちの心を打ち、空気は一瞬で変わりました。

彼は、実家が林業を営んでいるわけでもなければ、山主の知り合いがいたわけでもありません。新規事業開発プログラムの中で林業の課題にはじめて触れ、触発され、自ら動き、林業の現場にいた人たちと重ねた大量の対話が、突然関係者の前で泣き崩れるまでに、彼の当事者意識を高めていたのです。

残念ながら、あまりに高い事業化の壁の前に、リクルートとして林業をテーマとした事業を立ち上げるところまではたどり着けませんでした。しかし、その瞬間から彼の生き方、働き方は大きく変わりました。彼は、あの瞬間に「社内起業家」として覚醒したのです。

これは特殊な事例ではありません。

私はこれまでに5000件・7000人の新規事業開発プロセスに関わり、何人もの新しい社内起業家が誕生するシーンに立ち会ってきました。

たしかに、その中のごく少数の人は、生まれながらに起業家気質を備えた、稀有な才能を持ったサラリーマンでした。

しかし、**ほとんどの社内起業家は、そういった「生まれながらの起業家気質人材」ではなく、新規事業開発プロセスの中で「後天的に覚醒した」リーダー**でした。

これといった課題意識もなくただ「何か大きなことをしてやる」と意気込むだけだった若者が、また「斜陽産業のこの会社には未来がない」とやや後ろ向きな課題意識しか持たなかったシニアのサラリーマンが、課題の現場で関係者とのたくさんの対話を重ねながら、あるとき林業の彼のように泣き崩れ、「人生をかけてこの課題を解決する」と言い出す。そんな瞬間を、幾度となく目の当たりにしてきました。その瞬間は一度立ち会ったら二度と忘れられないほどに感動的です。

多くの社内起業家は、はじめはどこか評論家気質で、リスクを恐れ、でも漠然と「何かしなきゃ」と思っている、ごくふつうの人たちでした。でも、そんな人たちが、特別な任用や育成、抜擢プロセスを経ていなくても、現場と対話する中でたしかに後天的に覚醒している。

そんな経験を重ねる中、私は「すべてのサラリーマンは、社内起業家として覚醒できる」と確信を持つようになりました。そう、この本を読んでいただいているあなたもです。

少し自己紹介をさせてください。

私、麻生要一は、株式会社リクルート（現、株式会社リクルートホールディングス）に新卒として入社した後、自ら新規事業を立ち上げ、ＩＴサービスを開発する株式会社ニジボックスという１００％子会社を設立。同社の社長を務め、小さな会議室に机１つ、椅子２つ、プロジェクトメンバーは私とソフトウェアエンジニアの先輩のたった２人というまさに「力のない小さな社内スタートアップ」の状態から、社員数１５０人に上るＩＴサービス開発企業にまで成長させました。その後、リクルートホールディングス上場後の「新規事業開発室長」として、リクルートグループ全体の新規事業を統括する経営幹部を３年間務めました。

ここでは、社員発の新規事業プロジェクトの提案を１５００件以上受け付け、リクルートの外に起業家を生み出すインキュベーションスペースの所長として300社以上に入居してもらいました。

2018年にリクルートを退職し独立して以降は、4つの仕事を同時に立ち上げました。1つ目は、株式会社アルファドライブという新規事業開発の支援企業の創業。様々な日本の大企業をクライアントとして、3年で3500の企業内新規事業チームの提案に関わり、リクルート時代と合計して約5000件の新規事業プロジェクトをゼロから生み出しました。

2つ目は、現役の医者でゲノム研究者でもある高校の同級生と株式会社ゲノムクリニックを共同創業しました。3つ目は、UB VENTURESというベンチャーキャピタルの創業に参画し、ベンチャーキャピタリストとしてスタートアップ企業への投資活動を始めました。そして4つ目はソーシャル経済メディア、ニューズピックスの執行役員に就任し、自らが社内起業家として現在進行形で新規事業の立ち上げを行っています。

2018年以降の私は、起業家・投資家・経営者としての3つの顔を同時に持つ、つまり自ら起業するだけでなく、それを評価する視点もわかるという、少し変わった立場にいます。

起業家・投資家・経営者を経験した立場として、私は既存の企業の中に「社内起業家」が増えることが、日本企業復活のカギだと強く確信しています（詳しくは、第1章でお伝えします）。それに、社内起業家として覚醒し、事業を立ち上げるプロセスは、他ではなかなか味わえない感動にあふれています。

でも、この本でまず読者のみなさんにお伝えしたいのは、そんな「大きな目的」のためではなく、まずは1人ひとりの人生、キャリアのために、新規事業に取り組んでみてほしい、というメッセージです。

極論、社会のためだとか感動だとか、そんなことはどうでもいい。自分の人生やキャリアのために、どういう仕事をすべきなのか。それを突き詰めるほどに、「新規事業をやるしかない」という結論に至るのです。

いまは、「人生100年時代」だと言われています。医療テクノロジーの分野の進歩はめざましく、がんをはじめとした難病が次々に克服される時代になりました。単なるキャッチコピーではなく、本当に「簡単には死なない時代」が訪れつつあることを、みなさんはどの程度自分ごととして捉えているでしょうか。

一方で、商品や製品自体の寿命が加速度的に短くなっていると言われます。ひと昔前は、1つのヒット商品で10年会社が成立しましたが、いまは3年と持ちません。変化が速いスマートフォンアプリの世界だと寿命は3ヶ月と言われたりもします。

かつての、いや「かつて」と言っても何十年も前ではなく、数年程度前の「かつて」の成功体験がすぐに通用しなくなるし、いまの成功モデルも明日には通用しなくなる。何をスキルとして身につければいいかわからない不安を抱えながら、私たちはこれからの時代を生きていくのです。

この「人生100年時代」かつ「変化の時代」に生きる私たち全員につきつけられる不都合な真実。それは、**「定年後に20年は働かないといけない。しかし、そのとき、現役時代に培ったすべてのスキルは陳腐化している可能性が高い」**ということ。企業で働くサラリーマンにとって受難の時代が到来するのです。

かつての日本企業が作り上げた「終身雇用・年功序列」の給与体系は大変完成度の高い

素晴らしい仕組みですが、じつは「80歳前後で死ぬ」ことを前提としていました。細かい計算は省きますが（興味があればご自身で計算してみてください）、１００歳まで、もしくはもっと先まで生きることを前提にしたら「年金と退職金だけだと絶対にお金が足りない」はず。だから、80歳くらいまではなんらかの形で収入を維持する必要があるのです。

なのに、この事実に正面から向き合っているサラリーマンがあまりにも少なすぎる。もうすでに崩れることが目に見えている「65歳まで1社に勤め上げれば、年金と退職金でその後悠々自適の生活ができる」という神話を、心の底では疑っていない。

特に、いま30〜40代のサラリーマンこそが、この不都合な真実のもっとも大きなあおりを受ける世代です。もしもこの本を読むあなたがその世代であるならば、この事実を強く認識して正面から自分のキャリアを考え直してほしいのです。

こんな受難の時代だからこそ、私はすべてのサラリーマンに「新規事業」をやってほしいと考えています。

新規事業開発とは「自分の頭で考えたことに、自分で顧客を見つけて、自分で商売にする」業務。

この業務で身につくスキルだけは、**時代がどんなに変化しようと、ＡＩが人に取って代わろうと、必ず生き続けます。もっとも普遍的なポータブルスキル**なのです。

少し極端な表現になりますが、企業の中にあるほぼすべての仕事はそれがどんなに花形の仕事であったとしても、「定年後には確実に価値がなくなる仕事」です。つまり、「企業の未来のための仕事ではあっても、働く1人ひとりの未来にはつながらない仕事」なのです。

でも、新規事業開発という仕事だけは、唯一企業の未来と働く個人の未来が一致する仕事。身につけたスキルを定年後にも活かすことができる仕事です。１００年生きる時代だからこそ、すべてのサラリーマンのみなさんに、自分自身の老後のために新規事業に取り組んでみてほしいのです。

ただし、いきなり「新規事業」「社内起業」と言われても、自分には難しいと思うのも無理からぬことでしょう。

そこで第1章・第2章では、実践前の入門編として「日本人に起業より社内起業が向いている理由」「社内起業家になるのに特別な才能はいらない理由」をそれぞれ解説しています。すぐにでも実践に移りたい人は、第3章から読み始めていただいてもかまいません。

この本には、新規事業開発にすべてをかけてきた私が、数え切れないほどの失敗と少しの成功を繰り返す中で培った、実践的なノウハウをすべて詰め込みました。

1人でも多くの読者が「社内起業家」として覚醒するためのきっかけを提供できたなら、それに勝る喜びはありません。

著者

第5章 新規事業の立ち上げ方（ENTRY期～MVP期） 147

第6章 新規事業の立ち上げ方（SEED期） 187

第7章 「社内会議という魔物」を攻略する

第1章

日本人は起業より「社内起業」が向いている

なぜ、投資は増えているのに起業家が増えないのか

「スタートアップ企業の資金調達額が過去最高に上った」というニュースが日々メディアを賑わせています。起業家がキラキラとした姿で取材に応えるシーンが増え、一昔前は「ドロップアウト」と言われた「大企業の優秀な人材のスタートアップ企業への転職」も、かなり一般的になってきました。

社会にイノベーションを生み出すためには、スタートアップ企業の盛り上がりは必要不可欠ですから、昨今の「起業家礼賛」に異論があるわけではありません。ただ、日本社会においても、そして日本企業の現場で働く1人ひとりの生き方の上でも、もっとも必要なのは、じつは「起業」ではなく「社内起業」を盛んにすることなのではないでしょうか。数々の新規事業を経験し、いまも同時に起業家と社内起業家の立場をとる中で、強くそう思います。

なぜなら、**日本がイノベーションを継続的に生み出すためには「社内起業」という形が**

もっとも合っているからです。

たとえば、シリコンバレーを擁するアメリカ経済では、イノベーションを担う主要アクターはスタートアップ企業、つまり起業家です。ベンチャーキャピタルがスタートアップ企業に投資をする一方で、既存の大企業がスタートアップ企業を買収して取り込むことでより本格的な社会実装へとつなげていきます。

一方で、中国のように「政府主導型」で成果を上げるイノベーション創出の仕組みも存在します。「アメリカのシリコンバレーよりも深圳《しんせん》の方が先進的である」という言葉を昨今よく聞くようになりました。テンセント、アリババの時価総額はいまやFacebookやGoogleを擁するアルファベットに迫る勢いですが、これは中国政府が「政府ぐるみ」でインターネット産業の特定の企業を保護し、育成した成果です。

それでは、日本社会で成果が上がるイノベーションの仕組みはどちらでしょうか。アメリカのようなスタートアップ企業中心の仕組みか、中国のような政府主導型なのか。

私はそのどちらでもない、日本ならではのイノベーション創出の仕組みができるはずだと考えています。そして、その中心にいるのは、スタートアップ企業でも政府でもなく、大企業なのです。

民主主義かつ資本主義の国である日本では、政治構造的に、共産主義である中国ほどの政府主導型の仕組みは難しい。

だからと言って、日本ではアメリカのようにスタートアップ企業をイノベーション創出の中心に据えることも非現実的でしょう。日本には、アメリカほど「起業家が増えない」構造的理由があるからです。

たしかに昨今、日本のスタートアップ企業を取り巻くエコシステムは盛り上がってきています。2018年にはスタートアップ企業の資金調達額は3848億円に上り、2012年の638億円と比較してここ6年で6倍に急成長しています（図1－1）。

しかし、ご存じでしょうか。2012年に1060社だった資金調達の「社数」は、2018年に1368社までしか伸びておらず、2017年の1619社から2018年にかけては減少すらしているのです（図1－2）。

大量の資金が流入しているにもかかわらず、それと比例して起業家が増えない。なぜか。

図1-1 国内スタートアップ企業資金調達「額」推移

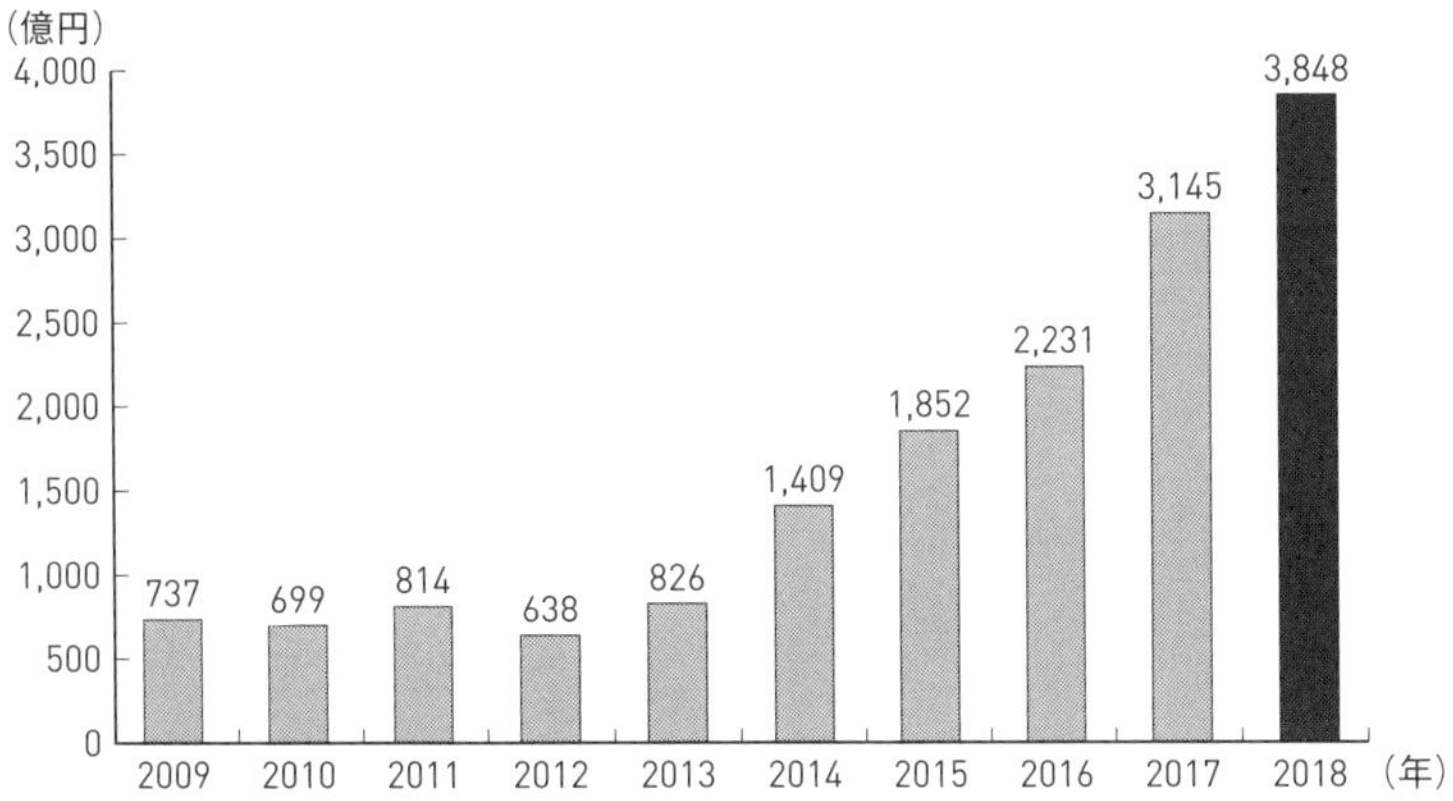

出所：entrepedia（2019年1月29日現在）

図1-2 国内スタートアップ企業資金調達「社数」の推移

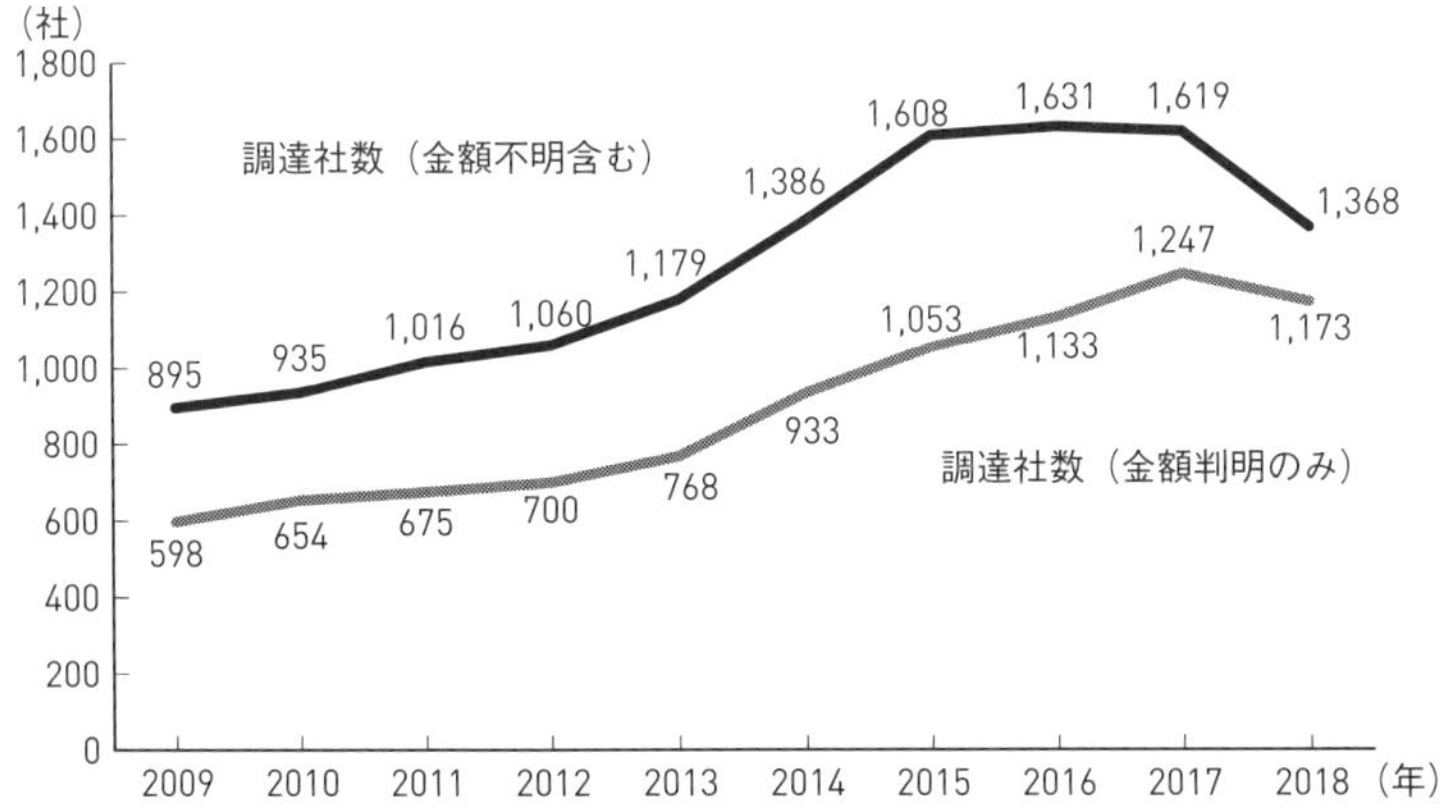

出所：entrepedia（2019年1月29日現在）

理由は大変シンプルで、アメリカと比べて**日本の労働者は手厚く守られているから**です。**日本の優秀なサラリーマンは、どんなにスタートアップ企業を取り巻くエコシステムに資金が流れても、会社をやめてまで起業をしない**のです。

アメリカ社会では、企業が簡単に解雇することができる。だから社員は自律的にキャリアを考えざるをえないし、転職もすれば、起業だってする。そんな「いまいる組織を簡単にやめる」構造の中で資金が流入するので、比例して起業家が増える。絶対数が増えれば起業家のレベルが上がり、より革新的なイノベーションが生まれ、強固なエコシステムができていく。

それと比べ、労働者が強く守られている日本社会では、同じようにはいきません。アメリカと同じ考え方で起業家を増やすのはどだい無理なのです。

では、労働者を守る社会の仕組みはイノベーションにとって害悪なのか。そんなことはありません。**「簡単にやめさせられない」ということは、「どれだけ失敗しても生活が揺らがない」**とも言えます。生活が揺らがないからこそ進んでリスクを取ることができる。本来、それがイノベーションを加速させる社会デザインであってしかるべきなのです。

私はこれまで2000件の新規事業案の創出に関わる中で、たくさんの素晴らしい社内起業家の方たちに出会ってきました。ひとたび火のついた社内起業家が、日本社会において起業家よりも力強く社会変革を推進するシーンも目の当たりにしてきました。そう、「起業家よりも力強く」です。大企業の名前、信用力、持っている販売チャネルや社会的なつながりが、この国で社会を変えるのにいかに有効なことか。

いまの社会システムに大きく影響しない「先進産業領域で完結するテクノロジー分野」のイノベーションであれば、スピードやリスクを取れるスタートアップ企業が有利かもしれません。しかし、ひとたび社会に深く根を張ったシステムを変革しようとすると、日本においては大企業が圧倒的な力を発揮します。

たとえばブロックチェーンや仮想通貨の分野であれば、それが「小さな新興産業」のくりのうちはスタートアップ企業が強いのですが、ひとたび「いまある金融の仕組みの変革」という次元にまで達すれば、銀行や証券会社などの既存の大企業の力なくしては本当の社会実装までたどり着けません。

労働者が手厚く守られ、政府でもスタートアップ企業でもなく大企業が社会システムの中心である日本社会においては、「大企業の中からイノベーションが生まれる」仕組みを作るしかない。スタートアップ企業を中心に据えるアメリカ型でも、政府主導の中国型でもなく、日本ならではのイノベーション創出の仕組みは、大企業のサラリーマンを中心としたものであるはずなのです。そして、それは実際に実現可能です。

日本のサラリーマンは驚くほど優秀だ

すべての既存事業は、新興産業から破壊されていく宿命にあります。かつて「写真フィルムの巨人」として君臨したコダックは倒産し、当時同じ業態だった富士フイルムは、化粧品・医薬品・再生医療の会社へと変化することで、現在も巨大企業として繁栄を続けています。変わりゆく時代の中で変わらずに栄え続けるためには、自らの核となるビジネスモデルを否定し、業態を変え続ける仕組みやＤＮＡを内部に持たなくてはなりません。その変革にもっとも効くのが、新規事業開発です。

ただ、「新規事業が中長期の経営において重要だ」なんてことは、昔からずっと言われていました。

２０１９年７月、現在時価総額が３０００億円以上の日本の大企業３６９社の中で、中期経営計画を策定している企業は３１１社。その中の**94・2%にあたる２９３社が中長期で取り組むべき重点テーマとして「新規事業」を掲げています**（アルファドライブ調べ）。

多くの経営者が認識はしているし、意志も持っています。でも「昨今の日本企業からはイノベーションが生まれていない」と言われて久しい。経営者が重要性を認識していて、中期経営計画にも織り込んでいるのに、なぜ日本企業は新規事業を生み出すことができないのでしょうか。

じつは、日本企業がイノベーションを生めなくなった、もしくは「生めなくなったように見える」のはたった20～30年ほどの話です。世界を制したソニーのウォークマンが発売されたのは1979年ですが、「ジャパン・アズ・ナンバーワン」だった1980年代までは、家電にせよクルマにせよ、日本製品こそが世界でもっともイノベーティブだった時代がありました。

かつては中から生み出せていたイノベーションが、いまはなぜ生めなくなったのか。その理由は、私が思うに、単に「社内で新規事業をやらなくなったから」という大変シンプルなものです。もう少し言えば、**社内の新規事業に「投資をしなくなったから」**です。

バブル崩壊、失われた10年、リーマンショックなどに襲われ、短期利益が上がる既存事業へと集中せざるをえなかった時代が長かった。新規事業だけでなく、中長期を見据えた取り組みがやりにくかったことはたしかでしょう。ただ、アベノミクスを経て、企業の業績は過去最高レベルまで回復しています。

では、ようやく投資余力を回復した日本企業の経営者が、かつてイノベーションを生み出していた時代と同じく社内の新規事業への投資を再開したかといえば、そうは見えません。

そのかわりに、ここ数年、大企業の「イノベーション活動」は盛んになってきています。大企業がスタートアップ企業へ投資するコーポレートベンチャーキャピタル（CVC）。スタートアップ企業との協働プロジェクトを推進するスタートアップ・アクセラレーションプログラム。スタートアップ企業に限らず、社外の多様な人たちと事業開発をするオープンイノベーション。

いずれも、業績に余力ができ「さあ、新規事業だ」というモードに入った大企業が始めている「新規事業開発」のための取り組みです。ただ、私はそれらの取り組みにとても大きな違和感があります。すべて「外」と組もうとしているからです。

この数年、業績に余力が出た日本の大企業が、50億、100億、200億という巨大規模の投資ファンド（CVC）を組成するニュースをいくつも目にするようになりました。デジタルトランスフォーメーションの名の下に、AIテクノロジー企業に数百億円単位の「外注予算」が支払われているシーンもたくさん見かけるようになりました。でも、**同じ規模の予算を自らの社員が生み出す、自らの社内新規事業プロジェクトへと投資している企業を見たことがありません。**イノベーションを生めなくなったのではなく、生むための期待を社内にかけていないだけなのです。

いま、**投資余力を持った大企業が本来すべきことは自らの社員への、そして社内プロジェクトへの新規事業投資**です。それこそがかつてウォークマンの時代に成果を上げてきた日本企業ならではの、イノベーション創出の「一丁目一番地」のはずです。しかし、多くの企業経営者や新規事業を管轄するイノベーション担当役員と議論をすると、「うちの社員にはイノベーションを生めるやつがいない」「才能ある人材がいない」「だから外に頼るしかない」と言われることが一度や二度ではありません。

いないい？　ちょっと待ってください。だって、いないわけがないじゃないですか。かつて世界を制していた時代の日本から今日までたった20〜30年しか経っていないのだから、事業を立ち上げる力が一気に失われるわけがない。そして、いまも多くのサラリーマンの人たちと一緒に新規事業を生み出す私の感覚で言えば、「こんなにも優秀なサラリーマンがいるのか！」という驚きすら覚えるほどに、日本企業の現場には才能もやる気も能力もある人材がたくさん存在します。

私の働いたリクルートという会社は、１９８９年にリクルート事件で創業者が逮捕され、２００５年に至るまで、１兆円を超える莫大な借金の返済のために、一切の新規事業投資ができなかった「暗黒の時代」がありました。

私が新卒でリクルートに入社を決めた理由の１つが「２００５年で借金の返済が終わる。２００６年からは、10年以上返済に充ててきた膨大なキャッシュフローを、すべて新規事業投資にまわして再成長を図る。そのための人材を採用する」という謳《うた》い文句でした。

入社後、私が働いた２００６〜２０１８年までの12年間にリクルートの中で起きたことは、まさにそのとき採用担当が私に話してくれたとおりでした。大量の新規事業プロジェクトが現場から生み出され、莫大な金額が投資され、私もその流れの中で新規事業を立ち上げ子会社を作りました。

新規事業は「せんみつ」、つまり「1000個のうち成功するのは3つ」と言われますが、まさにリクルートでは1000単位のプロジェクトがそこかしこで生み出されていました。ほとんどのプロジェクトは失敗するものの、その失敗を次につなげる形でまた1000単位の新規事業プロジェクトが生み出される。買収や提携等の「飛び道具」とも連動させながらイノベーションを連続的に生み出すことで、その中のいくつかが時代を捉え、リクルートの業態を変革、進化させていきました。そしてついには今日の「時価総額は6兆円（全日本企業の中で10~15位）」「社員数4万5000人」というすさまじい巨大企業になるまで事業を拡大させました。

この12年間にリクルートの中で起きたことは、イノベーションを作る上で本当に素晴らしい事例だったと私は思っているのですが、その最大のポイントは、借金を返し終わって**キャッシュフローに余裕ができた瞬間から、社内の新規事業に、大量の投資をし続けた**こと。やるべきことを、やっただけ。それだけだったと思っています。

よく、「リクルートは新規事業が特別得意な会社だから」と言われます。だけど、いまや超大企業となってしまったリクルートの現場のサラリーマンが、他の多くの大企業と圧倒的に違うかといえば、きっとそんなことはありません。

いま、私が創業したアルファドライブでは、多くの日本企業の現場のみなさんと一緒に新規事業プロジェクトを立ち上げています。その経験も踏まえて確信するのは、新規事業が生み出せるかどうかは、新規事業をやったかどうか、そこに投資をし続けたかどうか、それだけだということです。

もちろん、単に投資だけすればうまくいくわけではありません。ただ、適切な投資がされていない事実を見落として苦手意識を持ってしまっているのだとしたら、あまりにもったいない。

すべての日本企業はイノベーションを生み出す会社になりえます。

第2章からは、その具体的な方法論をお伝えしていきましょう。

第2章

「社内起業家」へと覚醒するWILL（意志）のつくり方

ＷＩＬＬは後天的に作り出すことができる

きちんと投資をすれば、すべての日本企業はイノベーションを生み出すことができる。そして、どんな「ふつうのサラリーマン」もその担い手となりえます。

ただし、それには適切なプロセスが存在します。

最初にやるべきことは、ＷＩＬＬ（意志）の形成です。

ＷＩＬＬが形成されていくことが、先に述べた社内起業家としての「覚醒」につながっていくのですが、ここでは、そもそもＷＩＬＬとは何か、どう形成されていくのか、その構造について解説をした上で「後天的にＷＩＬＬを形成する」手法について解説します。

そもそも「ＷＩＬＬ」とは、「未来形」を表す助動詞であり、「意志」を表す名詞であり、「決意する」を意味する動詞です。この言葉を、私は新規事業開発の「一番最初に必要な要素」と考えているのですが、その「定義」とは、次の図の３つの質問に対する回答

図2－1：WILLの定義

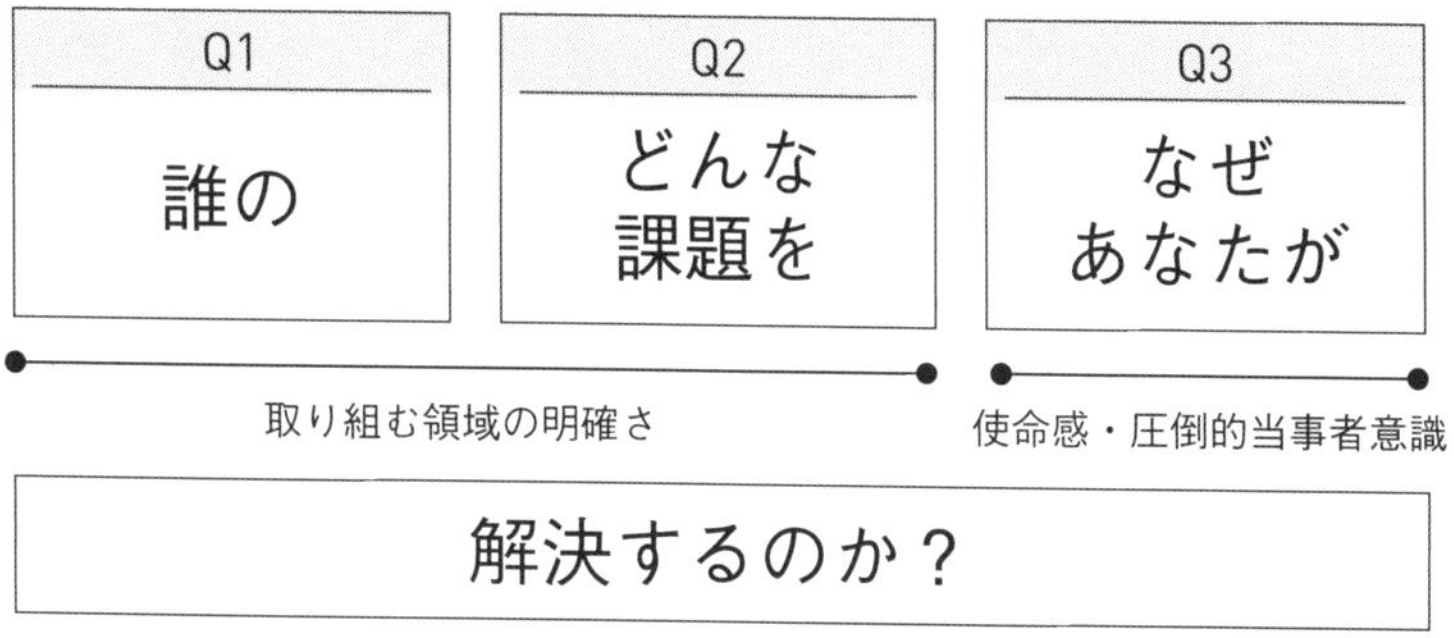

です（図2－1）。

WILLによしあしはありませんが、**強さと明確さ**という評価基準は存在します。

これらの問いに、はじめは弱々しく不明確にしか答えられませんが、明確に、力強く、自分の中で確信できている状態にまでなると、社内起業家としての「覚醒」に至ります。言葉として「人生をかけてその社会課題を解決する」や、「世の中をよくする」などと言い出している状態です。

読者のみなさんはこの3つの質問に対して、いま、明確で力強い回答を持っていますか？　多くの人は、答えられないのではないでしょうか。もしくは、回答できたとしても、朧《おぼろ》げだったりどこか自信がなかったりするかもしれません。

でも、安心してください。**ＷＩＬＬは、ない状態から作り出すことができます。**最初にすべきことは、その一歩を歩み出すことなのです。

図2－2を見てください。これが、ＷＩＬＬが形成されていくプロセスです。横軸が「Q1・誰の」と「Q2・どんな課題を」への回答となる「取り組む領域の明確さ」です。縦軸が「Q3・なぜあなたが」への回答となる「使命感・圧倒的当事者意識」の強さです。多くのサラリーマンはこの図で表すと左下のマスにいるのではないでしょうか。つまり「取り組む領域も決まっていないし、たいして強い意志もない」という状態です。

ＷＩＬＬの形成とは、この図において左下から右上へと「状態を移行させるプロセス」です。そのプロセスは、100人100通りで、同じルートをたどる人は1人もいません。ただ、大別すると「最初に右に行って、その後上に行くパターン」と「最初に上に行って、その後右に行くパターン」に分かれます。前者はまず領域が定まり、現場の人たちとの対話の中で意志が形成されていくパターン。後者は、領域は問わずにまず意志が強まり、後から取り組み領域が明確になっていくパターン。

図２－２：ＷＩＬＬの形成プロセス

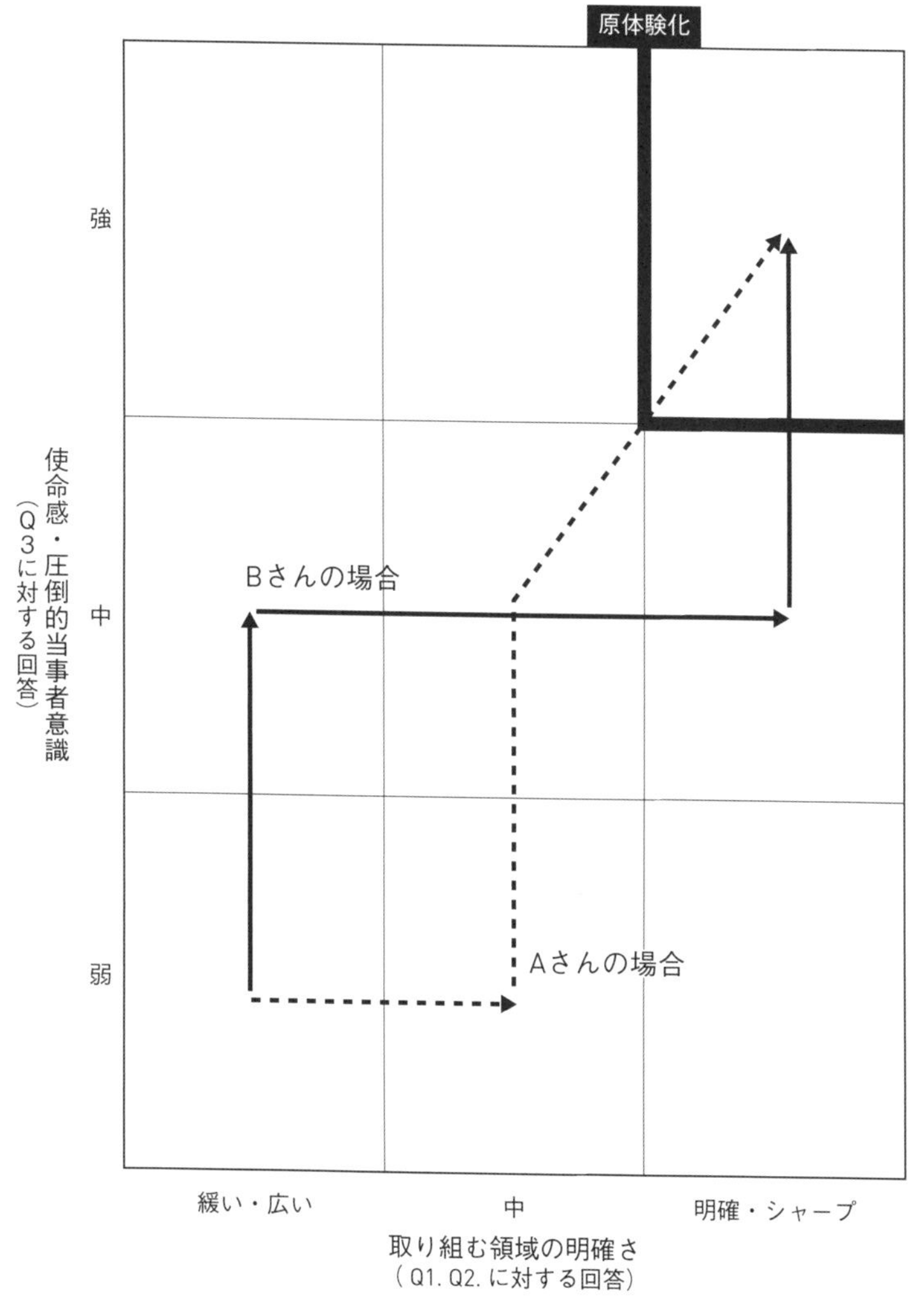

どちらでもよいのですが、左下にいる人が「とある行動と体験」を繰り返すと、だんだんとＷＩＬＬが形成されて、右上に移行していきます。そして、そのＷＩＬＬがいちばん右上のマスに入るときこそが「はじめに」の「突然泣き崩れ、必ず課題を解決すると言い出す瞬間」であり、ここまで「社内起業家として覚醒する」と表現してきたかけがえのない瞬間です。これを、私は**「原体験化」**と呼んでいます。

「ゲンバ」と「ホンバ」でコップを満たせ

図2－2において「左下から右上に移っていき、ある瞬間に原体験化の壁を超え右上に入る」という一連のプロセスは、私は「コップから水があふれる」現象に近いなと思っています。

コップが空の最初の状態が、図2－2でいう左下の状態。「とある行動・経験」を重ねていくことを「コップに水を注ぐ」と捉えると、水があふれ出した瞬間に人は覚醒し、人が変わったように社会や業界、顧客課題の解決のために動き出します。この瞬間が「原体験化」の瞬間です。

では、「水」に相当する「人を原体験化に導く行動・経験」とはなんなのでしょうか。

それは、「ゲンバ」と「ホンバ」に行くことです。図2－2の中で、「ゲンバに行くこと」は「右に、そして上に」動かす経験。「ホンバに行くこと」は「上への動きをサポート」してくれる経験です。ゲンバに行くことで取り組み領域が明確化されていく。ホンバに行くことで、その意志の形成が加速度的に速まっていきます。

原体験化につながる行動❶
ゲンバに触れ、深く対話する

ゲンバとは「課題の根深い現場」のことです。私はよく**「課題の震源地」**と表現しているのですが、これは、日本のサラリーマンが多く持つ「困っている人を見てしまったら、放っておけない」という責任感を起点としたＷＩＬＬの形成方法です。

人を覚醒させ、起業家を生み出した「ゲンバ」として、近年非常にインパクトがあったのが、東日本大震災直後の宮城県女川町《おながわちょう》です。震災直後にボランティアで現地を訪れた多くの人が、津波で生活基盤のすべてを失った現地の人たちと対話をする中で「自分がなんとかしなければ」と覚醒し、たくさんの起業家が生まれました。

もちろん東日本大震災と同じ次元の災害が身の回りにあふれているわけではありません。しかし、よくよく目を凝らしてみれば震災の被災者同様に困っているゲンバは日本にあふれています。障害者雇用のゲンバ、介護施設のゲンバ、一次産業のゲンバ、子育てがしづらいゲンバ、あらぬ差別に苦しむＬＧＢＴのゲンバ、増える外国人と民泊でトラブルが続発するゲンバ。

読者のみなさんは、そんな課題の根深いゲンバへと実際に足を運び、そこで課題にあえぐ当事者と対話をしたことはありますか？　日本の立派な会社のサラリーマンほど、ゲンバにまったく触れることなく仕事人生を過ごす傾向があります。

大学生の頃までは途上国をヒッチハイクしたりして世界の課題に直接触れ、強い課題意識を持ち新卒で立派な会社に就職する。でも、入社後は、都心の大きくきれいなビルに毎日決まった時間に出社し、都会を見下ろしながら会議室で会議を重ね、徐々に仕事も評価されるうちに、気づけば何年もの時間が過ぎていく。

ＷＩＬＬの形成の話をすると「やりたいことはどうやって見つけたらいいですか？」と聞かれることがたくさんあります。でも、その質問をする人ほどゲンバにまったく足を運んでいないことがほとんど。**やりたいことがないのではなく単に「見てないし、知らない」だけです。**逆に言えば、ゲンバにたくさん足を運べば、すべての人は必ず仕事人生を懸けるべきテーマに出会うことができるのです。

実際にゲンバに足を運んだときに大切なことは、**肩書きやこれまでの経験・常識を捨て、「1人の人間」としてゲンバの当事者と対話をする**こと。

これだけテクノロジーが進化し、ビジネスの知見が蓄積された時代に、それでも解決に至っていない社会課題の多くは、「これまでの成功体験」が一切通用しない構造であることがほとんどです。

どれだけ立派な会社の立派な肩書きがあろうと、これまでに華々しい業績があろうと、まったく通用しない。そういう根深い課題のゲンバに、肩書きや所属や実績を捨て、「1人の人間」として向き合った瞬間に感じるすべての感情が、コップに水を溜めていってくれます。

読者のみなさんもぜひ、何かのゲンバに「1人の人間」として足を運んでみてください。社会課題の現場を体験するツアーに参加してみたり、NPOの活動をボランティアスタッフとして手伝ってみたり、様々な課題についてのカンファレンスやイベントに参加してみたり。その気になれば明日からできることはいくらでもあります。

1つの閉ざされた組織の中で、誇りを持って積み上げてきたスキルやキャリアが一切通用しない世界がそこには待っています。怖いかもしれませんが、それらと触れ合う経験が、「ただのサラリーマン」を社内起業家へと変えてくれる、小さくて大きな一歩になるのです。

原体験化につながる行動❷
ホンバを訪れ、刺激を受ける

ホンバとは「新規事業開発の最前線」のことです。テクノロジー分野でいえば、シリコンバレーや深圳、イスラエル、エストニアなど。企業でいえば、東京のスタートアップ企業や先進的な大手企業の社内ベンチャーもホンバと言えるし、既存事業の部署で働く人で言えば、自分が所属する企業の新規事業開発部やイノベーション推進本部などの最前線もホンバです。

先進的なスタートアップ企業を週末だけ手伝う副業をしてみたり、副業までいかずとも、社会人インターンとして、プロボノ的に関わる先を見つけられるサンカク（https://

sankak.jp/）などのサービスを活用するのも1つの手です。

1つの企業に深く関わることに抵抗があれば、まずはテクノロジー系のカンファレンスやイベントに自腹で参加してみてもいいし、シリコンバレーにも深圳にも行ったことがないのであれば、思い切って自腹で現地を訪問して、現地でミートアップに参加したり、その場でアポを取る手もあります。

ホンバの人に触れ、刺激を受けることは、ＷＩＬＬの形成を大きく助けてくれます。ゲンバを訪ね根深い社会課題を前にしたとき、すでに異なる領域で課題に立ち向かい、創造性と強い意志を持ち立ち向かうホンバの人たちの存在は、勇気を授けてくれるからです。

ゲンバとホンバ、この2つを往復することが原体験化へと導いてくれます。ゲンバで解決の糸口が見えない課題を知り、ホンバで視座の高さや技術を体感し、またゲンバに戻る。それを繰り返すことで、自分の中の空《から》のコップに水が溜まっていくのです。

原体験化を確実に引き起こすためのネクストアクション

ただし、単にゲンバとホンバに行くだけで、誰もがその経験を「原体験化」できるわけではありません。よりその確率を高めるために重要なのが、「行った後、何をするか」です。

もし、根深いゲンバや先進的なホンバに触れても、「いやー、いい勉強になった」と満足してしまい、次の行動につなげなければ、何も変わりません。これは、「勉強好き」の多くの日本のサラリーマンの人たちが陥る現象です。もしかしたら、その日経験したことや感じたことがその後の人生を大きく変えたかもしれないのに、自らチャンスを逸してしまう。

これを回避するには、たった2つの簡単な行動をとるだけでOKです。それは①**誰でもいいので、誰かに、そこで感じたことを話すこと**。そして②**その人と小さな約束をするこ**

とです。

根深いゲンバや、先進的なホンバに触れる体験は、何らかの感情をもたらすはずです。それは、「興奮」かもしれないし、「焦り」や「やるせなさ」かもしれない。なんでもいいので、そこで感じた気持ちをそのまま、誰かに話してみてください。

「このあいだ、こんな場所に行って、こういう人たちと話をしたら、こういうことを感じた」だけでいい。相手は誰でもいいのですが、**取り組みたい領域の近くにいる人**がいればベストです。きっと有効なフィードバックを返してくれるでしょう。

たとえば中小企業の雇用問題を扱うのであれば実際に中小企業を経営する人や中小企業で働く人がよいし、訪日外国人のテーマを扱うのであれば、旅行関係やインバウンド関連の人がいい。

ただ、その領域に近い人がまわりにいないなど、「探す」ことがハードルとなり足が止まってしまうくらいであれば、家族や友人や同僚など、誰でもいいので会って話をして、約束を交わし応援の声をもらってください。そして、「近い領域の人を知らないか」と紹介をお願いしてみることから始めてみる。

話ができたら、相手に対して、会話を終える前に**「小さな約束」**をしてください。約束とは**「いま聞いてもらった気持ちを元に、少しでも前に進んでいく」**と伝えること。「事業を作る」のような大きな話でなくてもかまいません。次にまた新しいゲンバに足を運んでみるとか、いまの仕事にあらためて向き合ってみるとか、なんでもいいのです。

どんなことでもいいから、ゲンバとホンバで感じた気持ちを元に「小さくても前に進む約束」を誰かとしてください。そして、その会話と約束をできるだけたくさんの人とすること。

データに基づいた数字ではありませんが、どんな人でも「100人」に会って約束をすれば、その約束の量が「あれだけたくさんの人に約束してしまった」という自己暗示に変わるというのが、これまでの経験から得た感覚値です。

新しい一歩を踏み出すときには、積み上がった約束の量が背中を押してくれます。どんなに小さな約束であっても「100人に対して前に進むと約束してしまった」という事実が、すべてのサラリーマンを原体験化へと導き、世界を変える社内起業家へと変革します。

この本を読んだ後、まず今日のうちにしてほしいことは、ゲンバかホンバに行く「段取り」をつけること。そして、行って感じたその気持ちを誰かに話し、「小さな約束」をすること。そんな「小さいかもしれないけれど、人生を変える大きな一歩」を、まずは踏み出してみてください。

第3章

最初にして最大の課題「創業メンバーの選び方」

新規事業開発における「チームの組み方」に正解はあるか？

第2章で解説したとおり、新規事業は「WILL」から始まります。小さな課題意識を持った「たった1人のサラリーマン」が、約束と応援を蓄積していく中で具体的な行動を起こしていきます。

しかし、新規事業開発とは「既存事業とは異なる新しい事業」を生み出す仕事。その難易度は高く、巻き込まなければいけない人は、社内にも社外にもたくさんいます。たった1人でやりきれるものではなく、そこにはチームが必要です。

たとえば、読者のみなさんが何かの領域に対してWILLを持ち、新規事業を立ち上げようとしたとして、誰を口説きますか？　その選び方には、正解があるのでしょうか？

第3章では、新規事業開発リーダーに課せられる最初にして最大の課題である「一番最初のチーム（以下、これを「創業チーム」と言います）の編成方法について解説をしていきます。

この章を読む際にぜひ注意していただきたいのですが、**創業メンバーの選び方に「絶対の正解」はありません。**立ち上げるビジネスの領域によっても、リーダーのキャラクターやスキルによっても最適なチーム構成は変わるため、100の事業があれば100通りの創業チームの組み方があるというのが真実です。

しかし、事業として立ち上がったチームと、立ち上げられなかったチームを2000の事例から振り返ったとき、そこには「王道」とも呼べるチーム編成の考え方、そして「これだけはやってはいけない」という深い反省もたしかに存在します。

まずは、創業チームの編成に失敗する典型的なケースについて見ていきましょう。

ケース3-1

今年から始まった、社長室が旗を振る「新規事業開発プログラム」に応募すべく、チームメンバーを集めることにした。まずは、同期入社であり同じ部署の同僚でもある仲間を飲みに誘う。自分たちが所属する営業部の課題について、半分愚痴を言い合う形で、いくつかのアイディアが出てきた。

アイディアを事業にするには、営業の経験しかない自分たちだけではスキル不足だから仲間を誘おうと、私たちは考えた。同じく同期で経理部に所属するメンバーと、技術本部で入社以来ずっと基礎研究に打ち込んでいるメンバーと、経営企画部の後輩を1人ずつ誘って、5人のチームが立ち上がった。みんな優秀だし、スキルのバランスもよいし、きっといい案ができるはずだ。

新規事業開発プログラムの応募締め切りまでは約2ヶ月間。毎週金曜日の夜に定例会議を開いて、みんなでアイディアを煮詰めていくことにした。

第1回の会議はとても盛り上がった。5人が持っている観点がまったく違うから、営業の2人だけでは思いつかなかった新しいアイディアが次々に生まれてくる。その中のいくつかのアイディアをより具体的に検討するため、それぞれ宿題を持ち帰って翌週に再集合することになった。

しかし、その翌週以降、チームの運営の難しさに直面する。まず、第2回の会議を、経営企画部の後輩が「株主総会対応がありどうしても参加できない」と欠席。4人で宿題を持ち寄ったが、それぞれの進捗はバラバラだった。自分ともう1人の営業メンバーは、何社も顧客のところにヒアリングに行き、おもしろい話をたくさん聞いてきた。その話を熱く語っていたら、会議の予定時間を過ぎてしまい、全体の議論ができなかった。あとはメールで議論しよう、と会議を終えたが、翌週のメールでの議論は盛り上がらなかった。

第3回以降の会議も、誰かが欠席したり、その都度情報共有をやり直したりする中で、議論よりも「認識合わせ」に使う時間が増えていった。そして締め切りが迫り、提出するパワーポイントのフォーマットを分担して進めることに。しかし、結局いちばん情報を持っている自分がほとんどのページを作ることになった。

5人チームで英知を結集するはずが、これなら1人で進めた方が早かったのではないか、とも思う。でも、5人のそれぞれの観点があったから生まれたアイディアもあった。チーム運営はとても難しい。

言うまでもありませんが、創業メンバーはものすごく大切です。創業メンバーの選び方を間違えると、ケース3-1のように、チーム内部の合意形成やコミュニケーションに時間とパワーを取られて、まったく新規事業開発が進まなくなります。また、一度選んでしまったメンバーを走り出した後に変えることは非常に大きなストレスを伴い、最悪プロジェクトが一時停止する事態にもなりかねません。

新規事業開発リーダー（以下、「創業リーダー」と言います）に、最初に課せられる課題が「創業メンバーを選ぶ」という意思決定です。非常に重要で後戻りのできないこのアジェンダに、どうやって答えを出したらいいのか。この章では、読者のみなさんが、自らリーダーとして事業を立ち上げるとき「誰を創業メンバーにするか」を、具体的に名前と顔を思い浮かべながら読んでいただければと思います。

創業メンバーを選ぶときに**重要な観点は「人数」と「役割」の2つ**です。新規事業開発の創業メンバーは**「WILLが同じで、役割の異なる少人数を選ぶ」**のが王道です。

「人数」の王道

まずは「人数」について。創業チーム編成は少人数がよいのですが、具体的には**3人以下**が王道です。表現を変えると「4人以上にしない方がよい」。ケース3−1では「5人チーム」を結成していましたが、セオリーからすると5人は多すぎます。では、なぜ「4人以上は機能しない」のか。また、その場合にいったい「何人が最適」なのか。

人数の観点では、創業チームの強さは以下の3つの要素から構成されます。

■ チームの強さを構成する要素❶
コミュニケーションスピード

創業チームの強さを構成する最初の要素は、コミュニケーションスピードです。1つの事実や情報をどれだけ速くチームメンバー全体で共有し、議論と思考を深めることができるか。そのスピードが高速でなければいけません。

決められた仕事を繰り返していく既存事業の業務とは比較にならないほど、**新規事業開発の立ち上げ段階では「処理しなければいけない情報量」が膨大になります。**取り組む領域におけるマーケット状況も、競合プレイヤーの動向も、法規制や社会的な動きも、作ろうとしているサービスを支える技術的な要件も、提携可能性を探るパートナー企業の動きも、そして日々アップデートされる対象顧客の情報も、あらゆる種類の情報を集め、議論を深めていく必要があります。

新規事業開発という仕事は「既存事業では触れたことのない情報を、必要なだけ、決められた期限内に集め切る」という、情報戦の側面があります。

これを限られた時間の中で行うためには、コミュニケーションスピードは極めて重要です。

これまで私が伴走してきた「事業が立ち上がったチーム」を振り返ると、彼ら、彼女らのチームでは、立ち上げ期のコミュニケーションは、**ウィークリー（1週間単位）でもなく、**

図3－1　人数とコミュニケーションの複雑さの関係

人間関係の複雑さ	0	1 A-B	4 A-B, B-C, C-A, A-B-C	11 A-B, B-C, C-D, D-A, A-C, B-D, A-B-C, B-C-D, C-D-A, D-A-C, A-B-C-D

デイリー（1日単位）でもなく、アワリー（1時間単位）がほとんどでした。

常にアップデートされる情報をリアルタイムにチームで共有し、視点と解釈を揃え、チームとしての次の動きにつなげる意思決定をする。それがアワリーで実行される。

コミュニケーションスピードを阻害する最大の要素は「人間関係の複雑さ」です。2人だと、1つの会話で完結する人間関係が、3人チームになったとたんに、4倍の複雑さになり、4人チームになるとなんと11倍に膨れ上がります。つまり、4人チームは2人チームと比較すると、スピードが11分の1に落ちることになるのです（図3－1）。情報共有の観点から言えば、1人チームは最強です。

チームの強さを構成する要素❷
チームレジリエンス

創業チームの強さを構成する2つ目の要素は「チームレジリエンス」です。レジリエンスとは心理学の用語で、大きな挫折を味わったり、難易度の高い壁に直面したりしたときに、そこから回復してくるための精神力、精神回復力を表します。

新規事業の立ち上げのプロセスでは、非常に大きなストレスがかかるシーンに幾度となく直面します。まだ世の中にはない新しい事業を作る仕事だからこそ、最初は賛同者も少ない。否定に次ぐ否定を乗り越えて、共感してくれる人を増やしていく必要があります。正直、「やってられない」と挫折しそうになることがしょっちゅうあるのが新規事業の立ち上げ段階なのです。

だからこそ、**創業チームには、このレジリエンスが「チームの力として」備わっている必要があります**。1つの大きな挫折に直面したときに、チームとして立ち直ることができるかどうか。

1つ目の要素「コミュニケーションスピード」の観点からは、人数は少ないほどよく、

4人以上は機能しないと解説しましたが、レジリエンスの観点からは逆に「ある程度多い方がよい」と言えます。

たとえば、顧客から、会社から、社会から「お前の立ち上げている事業なんて必要ない。絶対にうまくいかない」なんて否定される状況が続くと、1人だと挫《くじ》けてしまいますよね。2人、3人のチームであれば、飲みに行って愚痴を発散することも、あらためて長い時間議論をして自分たちの事業を見つめ直すことだってできます。仲間がいる方が、チームレジリエンスは高まります。

チームの強さを構成する要素❸　マンパワー

3つ目の観点は、マンパワーです。これは「チームでさばくことのできる業務量」で、単に人数と比例していきます。1人が2人になれば倍の業務をこなせるし、3人いれば3倍です。新規事業開発の立ち上げ期は、こなさなければいけない業務量は無限大になります。どれだけこなしたとしても、もっとやりたいことが出てくるからです。マンパワーの

図3－2：チームの人数と強さを構成する3要素の関係

①	コミュニケーションスピード	∞	1	0.25 (1/4)	0.09 (1/11)
	人間関係の複雑さ	0	1 A-B	4 A-B, B-C, C-A, A-B-C	11 A-B, B-C, C-D, D-A, A-C, B-D, A-B-C, B-C-D, C-D-A, D-A-C, A-B-C-D
②	チームレジリエンス	弱	強	強	強
③	マンパワー	1	2	3	4

観点からは、「人数は多ければ多いほどよい」と言えます。

創業チームの構成は、以上の3つの観点を踏まえて決めるべきなのですが、人数が多いほどよい要素と、人数が少ない方がよい要素が混在しています（図3－2）。②チームレジリエンスと③マンパワーは「多いほどよい」けれど、①コミュニケーションスピードは「少ないほどよい」、このバランスをとることが創業リーダーには求められます。

このバランスを考える際に知っておくとよいのは、③マンパワーは、人数に対して「比例して増える」のに対して、①コミュニケーションスピードは、増える人数に対して「指数関数的に下がる」ということです。

この、「チーム内のコミュニケーションが人数に対して指数関数的に複雑になる」ことをどう捉えるかがもっとも難しいポイントなのですが、私自身は過去の経験から「2人が最強」という感覚を持っています。それほどまでに、新規事業開発においてコミュニケーションスピードは重要なのです。

ケース3－1は、5人チームの難しさを表した例でした。

たとえば、チームで顧客の声を聞きに行くとします。まず、5人全員が行ける日程を調整できないため、営業出身の2人がヒアリングをしてくる。次に、そのヒアリング内容を定例会議で他の3人に共有します。しかし、そのうちの1人は欠席してしまい情報が伝わりません。

情報を聞いた人の中でも、深く受け止める人もいれば、他の業務が忙しくてさらっと受け流す人もいます。次回のチームMTGを行い、その顧客の声について議論をするときも、5人全員の見解を揃えるための説明に時間を要して肝心の議論に至りません。それ以前に、5人全員が顔を合わせて議論をするための日程調整が難航します。

このように、新規事業の立ち上げ期における情報共有の重要性を考えれば、4人以上のチームはほぼ機能しないと考えてよいと思います。

ちなみに、ここで語っている人数に関する解釈は、後でお伝えする役割分担や事業領域の特性を一切無視した議論です。先に述べた通り、100個の事業があれば100通りの創業チームが存在します。実際に立ち上がった事業の創業メンバーが4人以上のチームだったこともあります。

あくまで王道としての考え方であり、唯一の正解はないことを念頭においたうえで、人数に関する「考え方を学ぶ」という姿勢で受け取ってもらえればと思います。

「役割」の王道

次に「役割」について。先に述べた通り創業チームは「3人以下」がよいのですが、その少ない人数で、新規事業開発という難易度の高い業務をやりきるために必要となる役割をすべて内包しなければなりません。

では、どんな役割が必要なのか。これは取り組もうとしている事業領域によっても、開発しようとしている商品の形態によっても異なるため、1つの理論や考え方ですべてのチームをカバーすることはできません。

法務担当や経理担当はどんな事業にも必要でしょうが、たとえばハードウェアデバイスを製造するのであれば、工場の生産プロセスに精通した技術担当が必要でしょうし、飲食サービスを提供するのであれば、シェフが必要かもしれません。BtoBの事業であれば営業担当も必要でしょう。

まずは、自分たちの事業で必要となりそうな役割を書き出してみましょう。それを、声をかけようとしている創業メンバーで役割分担したときにやれそうなイメージが持てるかどうか。

この際に重要となるのが、**「数ある役割のうち、その事業を立ち上げるにあたって、絶対に外部に委託することができない役割は何か」**です。

たとえばwebサービスの開発が必要な新規事業だったときに、システム開発という業務を「外に委託してもよい」と考えるのか、「中で作らないといけない」と考えるのか。これは、チームの中でも創業リーダーにしか決められない重要なアジェンダです。

すべての役割は、一概に「外か中か」を決めることはできません。**ここで創業リーダーが「外部に委託し得ない」と設定したものこそが、その事業の競争優位性の源となっていきます。**

「システム開発」を「外部に委託できる」と考えたチームがその後に作り出す事業は、きっとシステム面では大きくこれまでのものと変わらないけれど、他の「ビジネスモデルの先進性」や「デザイン・UX」が競争優位となっていくのでしょうし、逆に「システム開発は外部に委託してはいけない」と考えたチームが作る事業は、システム自体に大きな差別性や優位性を備えたものになっていくことでしょう。

このように、創業チームを編成する前の段階で創業メンバーの役割を考えるということは、これから立ち上げていく事業の優位性や差別性をどこで構築するのかと連動するという点で非常に重要で、かつ後戻りのできないアジェンダです。唯一の正解はありませんが、必要となりそうな役割を書き出した上で、「どの役割を優位性とする事業にしていきたいのか」という観点から深く考えてみてください。

すべての創業チームに必要な3つの力

ここまで、人数と役割の2つの観点から、創業メンバーの選び方について解説してきました。3人以下で、外部に委託しえない役割をすべて内包することが創業チームの編成時に目指すべきゴールです。その形は100事業100通りですが、じつは、事業領域によらず創業チームであれば必ず備えるべき3つの力が存在します（図3－3）。

これは、私が2000チームに上る創業チームを見てきた経験をもとに「見事に事業を立ち上げることができたチーム」がほぼ共通して持っていた力を抽出したものです。そこには、先に述べた「役割」の観点とは異なる、また既存事業で語られるスキルや能力とも少し異なる、新規事業開発だからこそ必要となる能力が存在しました。

これらのどれか1つでも不足すると、仮にタイミングもアイディアもよかったとしても事業が立ち上がらなくなってしまいます。

図3－3：すべての創業チームに必要な3つの力

3つの力❶ Network（ネットワークする力）

Network（ネットワーク）は、「異分野をつなぎ、ネットワークする力」です。現代は産業の垣根が融解していく時代だと言われます。昨今の世界では、新しい価値の創造は「これまで交わらなかった組織・産業・セクターの〝間《あいだ》〟」で起こるケースが体感値としても増えています。

たとえば、一昔前は金融業は銀行や証券会社が担い、通信業は携帯通信会社が担う産業領域で、その間には垣根が存在していました。しかし、昨今の時代はこの垣根が融解し、通信会社が金融業を始める時代になっています。むしろ、その**垣根の融解する部分こそがビジネスチャンス**であり、新規事業が狙うべき領域とも言えます。

この、産業の垣根を融解させる事業を立ち上げるために必要な力がNetworkです。たとえば、これまで交わらなかったＮＰＯ法人と民間企業を結ぶ、外資金融と市民セクターを結ぶ、地域社会とＶＲスタートアップ企業を結ぶ。

自分だからこそ巻き込める異なるセクターのキーマンをキャスティングすることで、新しい価値を生み出していくことができます。

この力を培うためには、たくさんの異分野の人たちと積極的に交流をすることです。異業種交流会に出席したり、プライベートで多様な人間関係を構築することも有効かもしれません。ただ、1つ注意していただきたいのですが、Networkは、「名刺交換をする力」ではありません。

新規事業開発のプロセスでは、ゲンバとホンバにいる人たちから、深い情報を引き出すことで事業が作られていきます。形式ばかりの名刺交換をしただけの浅い関係では、深い課題や本当に重要な話は出てきません。

多くの日本企業のサラリーマンは、自分が所属する業界や産業領域に人間関係が閉じてしまいがちです。その中の人間関係は「ヒエラルキーに従う」ことで作られています。これでは、異分野の人と信頼関係を構築することはできません。

必要なのは、自分とは異なる異分野・異業種の人たちとゼロから人間関係を構築する力です。いま所属している会社の肩書きやポジションを捨て、1人の人間として飛び込み、相手と人間関係を作る。そうしてネットワークは広がっていきます。

3つの力❷ Execution（実行し、やりきる力）

Execution（エグゼキューション）は、「あらゆる業務を、圧倒的に実行し、やりきる力」です。**どれだけ大きなビジョンを語り、魅力的な事業アイディアを生み出せても、それを形にする過程は、「あらゆる細かな作業」と「局地戦での勝利」の積み上げ**にほかなりません。大量の書類を作り、大量の日程調整を行い、大量の会議を行い、大量のメール・メッセンジャーをやりとりする。局地的な交渉で勝利を積み重ね、ときに起こるクレームを適切に処理し続ける。それを限りある時間の中で積み上げ、やりきっていく。

プロジェクトが成功していくにつれ、自分たちの組織も大きくなるため、いわゆる「マネジメント力」も必要になります。労働時間を守り、コンプライアンスを遵守するための仕組みの構築も欠かせません。結局、MBA的なプログラムで学ぶベーシックなビジネスのスキルは新規事業にも必要なのです。

業務を圧倒的に実行し、やりきる力なくして、新規事業が形になることはありえません。

では、Executionを培《つちか》うためにはどうしたらいいのか。もっとも効率的なのは、**いま、目の前にある仕事でしっかりと成果を出すこと**です。既存事業の現場はやりきる力を身につける最高のフィールドです。

新規事業開発が立ち上がれば、いつかは既存事業のような巨大な事業になっていきます。その「完成形」である既存事業の業務プロセスにおいて圧倒的な成果を出すことで、新規事業の立ち上げに不可欠なExecutionは自然と身についていきます。

3つの力③ Knowledge（知識と教養）

Knowledge（ナレッジ）は「深く広い知識と教養を継続的に身につけていく力」です。新規事業開発は、自分もしくは自分の組織が「これまで手がけたことのない領域」において何かを生み出す活動です。その際に重要となるのは**「無知の知」、つまり自分が「何を知らないのかを知る」ことができる力**です。

そのためには、すべてのベースとなる「教養の厚み」、そしてそれに加えて、これから取り組もうとする領域に関する個別の知識（業界慣習や、既存のプレイヤー動向、歴史、関連諸法規など）が必要となります。日本のエリート教育では、はやくから文系理系を分けてカリキュラムが組まれ、「専門性を身につける」ことへの信仰が根強いためか、多くの日本のビジネスパーソンは教養や知識が「狭く閉じている」（そしてそれが美学とすらなっている）ように見受けられます。

これからの時代で新しい価値を生み出すリーダーは、哲学・宗教学、科学・化学、数学、美術学、世界史・日本史、論理学などの基礎的な教養に加え、経済・金融、生命科学、宇宙科学、など文系理系を越境する知識を持たなければなりません。

たとえば、私が創業したゲノムクリニックが展開する「遺伝子解析」は、先端テクノロジー領域でもありながら、深い倫理的な議論を必要とする哲学的で社会的な側面を併せ持つ分野です。

新規事業開発とは、未だ世界に存在しない事業を生み出し、社会実装するという活動であるため、何か1つの分野に突出してさえいればよいわけではありません。多面的な知識と見識から、社会に対してコミュニケーションしていくことが不可欠なのです。

Knowledge（知識と教養）を培うためには、たくさんの本を読み、勉強会に出席し、有識者との対話を重ねることです。つまりは、地道に勉強する以外に道はありません。

中でも、既存事業で「すぐに役立つこと」ではなく、**すぐには役立たないけど本質的な学問や、未来を予測する技術やトレンド**について学び続けることは特に重要です。

これら3つの力は、そのまま新規事業創出のための取り組みとつながっていきます。もし創業チームがどれかの力に偏《かたよ》ってしまうと、新しい価値を生み、社会実装までたどり着けることはありえません（図3－4、図3－5）。

1．Networkだけの場合

人と人をつないで新しい価値を生み出すことだけに終始してしまうと、極端な話、「飲み会では話が盛り上がる」「いつもイベントだけやっている」状態になってしまい、そこから何かが生まれることはありません。

図３－４：創業チームの持つ力が「どれか１つ」だった場合

Networkのみ	＝	飲み会で話が盛り上がるだけ イベントをたくさんやっているだけ
Executionのみ	＝	成立はするけど何かの二番煎じ どこかで見たものの焼き直し
Knowledgeのみ	＝	具体的なプロジェクトにはならない 評論家的な第三者ポジション

図３－５：創業チームの持つ力が「どれか２つ」だった場合

Networkが不足	＝	これまでにない新しい切り口の不足 事業にはなるけどどこか既視感あり
Executionが不足	＝	画期的なプロジェクトがリリース しかしリリース後に形にならない
Knowledgeが不足	＝	基礎的な落とし穴にはまるか 社会的議論に耐えられずモデル変更

2．Executionだけの場合

実行力は絶対に必要な要素ですが、それだけでは取り組むプロジェクトが本質的かつ革新的なものになりません。実行力はすごいから数字は作れるしそこそこの規模にはなるかもしれませんが、しょせん「何かの二番煎じ」であり、「どこかで見たことがあるものの焼き直し」になってしまいます。その取り組みやプロジェクトが大きなうねりを社会に生み出すことはありません。

3．Knowledgeだけの場合

教養と知識なくして深いイノベーションは起こせません。しかし、教養と知識はどこまで深く身につけても「過去のもの」。それだけでは「これまでになかった新たな未来」も生み出せないし、「具体的なプロジェクトの組成」もできません。過去の世界の知識から、いわゆる評論家的に第三者的意見を述べることはできても、主体者として新しい価値の創造の起点になることはありません。

4．Execution＋Knowledgeのケース
（Networkが不足）

教養と知識が十分にあり、実行力もある。しかし、ネットワークする力がなければ「これまでにない新しい切り口」を生み出すことができず、取り組み自体が既視感のあるものになってしまいます。

5．Knowledge＋Networkのケース
（Executionが不足）

教養と知識に裏付けられ、かつてなかったキーマンのキャスティングもできれば、画期的なプロジェクトが組成できます。そのため、世の中的には話題となり大きな注目を集めることもできますが、実行力が不足しているので、事業が大きく育っていくことはありません。

6．Network＋Executionのケース
（Knowledgeが不足）

かつてなかったキーマンのキャスティングを行い、それを形にしていけるため、前述の2つのケースと比較すると、このケースがもっとも一定レベルまで育つことが多いです。

しかし、ベースとなるべき教養や知識が不足した状態でプロジェクトを進めていくと、商慣習の基本的な落とし穴にハマって足元をすくわれてしまったり、ゼロイチの段階を超えて成長し、いざ社会と向き合う段階になったとき、本質的な社会的議論（倫理的問題への対応や新たに生じうる社会問題への対策など）に耐えられずモデルの変更を余儀なくされ、結果として小さくまとまってしまったりします。

ここまで、創業チームが持つべき3つの力について解説をしてきました。この3つの力は、まったくジャンルが異なる能力のため、すべてを「1人で担保すること」は難しく、またその必要もありません。目指すべきは「チームとして揃っている状態」を作ること。

それぞれの能力を持つ人は、（その方が思想が近くて気持ちよいため）**同じ能力を持つ人のみ**

でチームを作ってしまうことが多いですが、異なる能力をリスペクトし、巻き込んでいくことが大切です。

NetworkはExecutionとKnowledgeを、ExecutionはKnowledgeとNetworkを、KnowledgeはNetworkとExecutionをリスペクトし、1つのチームの中でそれぞれの力が必要なだけ発揮されるチーム運営を行うこと。それこそが創業チームが目指す状態です。

まずは、創業リーダーとなる自分が持っている力は何かを棚卸ししてみましょう。いま持っている力、今後身につけていく力はどれか。そして、不足する力を補ってくれそうな人は誰か。その観点から創業メンバーとして声をかける人を頭に浮かべてみてください。

代表的な創業チームのパターン

ここまでで、創業チームは**「3人以下で、外部に委託し得ない役割が網羅され、Network＋Execution＋Knowledgeの3つの力が内包されている」**状態を目指すべきであることを理解していただけたかと思います。

最後に、主に役割と人数の観点から創業チームの編成の仕方における、代表的なパターンを紹介してこの章の結びとします。何度も繰り返し述べている注意点ですが、100の事業があれば100通りの創業チームのあり方があります。前述の力をすべて内包するチームの形は、ここで紹介したものだけではありませんが、自分が作るチームのイメージを広げるために、代表的な形をまずは押さえてください。

以下のパターンの中では「CxO」という表現（xには様々なアルファベットが入ります）を使います。これはスタートアップ企業の世界で、担当領域や役割を明確にするためよく使われる呼称です。最高経営責任者を表すCEO(Chief Executive Officer）は有名ですが、たとえばＣＴＯ(Chief Technology Officer=最高技術責任者)、ＣＦＯ(Chief Financial Officer=最高財務責任者）のように、管轄領域を明示した役職は多数存在します。新規事業に明確にそういう役職があるわけではありませんが、わかりやすいためメタファーとして用います。

パターン❶ ＣＥＯ＋ＣＴＯ

創業チームが「外部に委託することができない」役割の中で、もっとも大切な役割が「顧客と向き合い、その声を吸い上げる」役割です。通常、その役割はＣＥＯが担うことが多いでしょう。

パターン①「ＣＥＯ＋ＣＴＯ」は代表的な創業チームのパターンの1つです。ＣＥＯが顧客と向き合い、ＣＴＯ（最高技術責任者）が、商品やサービスの開発を担います。作る人・売る人の役割分担と言ってもよいかもしれません。

ＩＴサービスやバイオ・ハードウェア製造など、開発に高度な技術を要するタイプの事業の場合は、顧客と向き合うＣＥＯが技術まで担うのは難易度が高いため、創業メンバーとしてＣＴＯを加えることで、鮮やかに業務を分担することができます。

■パターン❷　CEO＋COO

COO(Chief Operating Officer)は「最高執行責任者」を表す言葉です。金融系の事業に取り組む場合など、取り組もうとする領域が「非常に複雑なオペレーション」を要することが予測され、そのオペレーション自体が優位性につながる、つまり「外部に委託することができない」場合には、業務工程の立案をCOOが担い、顧客に向き合う役割をCEOが狙うケースが存在します。

この場合は、パターン①のようにCTOがいません。CTOがいなくてもよいということは、開発に要する技術自体は「外部に委託しうる」ということです。技術ではなく、ビジネスモデルやビジネススキーム自体が競争優位性になると考えられる場合に有効なチーム構成です。

パターン❸　CEO＋CPO＋COO

②の派生系で、CPO（Chief Product Officer＝最高製品責任者）が独立した役割を持つパターンです。通常はCEOが顧客と接点を持ち「顧客の声の代弁者」としての役割をチーム内で担っていきますが、複雑な社会構造を紐解く事業のようなケースの場合、CEOが法規制や当局対応など、社会的な枠組みに対峙する役割を担い、顧客の声の代弁者を他の創業メンバーが担当するケースがあります。

パターン③では、CPOが顧客の声の代弁者として、チームの中でもっとも多くの時間を顧客と過ごし、製品開発につなげていきます。CEOは、CPOと一緒に顧客の声にも触れながら、それらの声を、どうやって社会的な枠組みに実装していくかの調整に時間を使います。

ヘルスケア関連領域や、規制緩和が重要なMaaS（モビリティ・アズ・ア・サービス。人やモノの移動のサービス化）領域など、顧客となる生活者に対峙することが重要な一方で、関係当局をはじめとしたステイクホルダーとの関係性を攻略することも同等かそれ以上に重要、というような領域で有効となる創業チームです。

このケースは事業としての複雑性が高いため、業務工程の立案を担うＣＯＯが入ることでよりチームが機能しやすくなります。

■パターン❹　ＣＥＯ＋ＣＴＯ＋ＣＯＯ

①と②を組み合わせたパターンです。製品開発に要する技術も、複雑な業務工程の立案も、どちらも「外部に委託することができない」と考えられる場合に有効となる創業チームです。

■パターン❺　ＣＥＯのみ

前述のいずれかのパターンで、ＣＥＯが「１人２役」もしくは「１人３役」を担えるケースです。たとえば、ＣＥＯが「顧客の声の代弁者にもなれるし、ハードウェアデバイスの設計もできる」など。ハイスキルなＣＥＯが創業するときは、下手に創業チームを編成するよりは「CEOのみ」で立ち上げる方が、成功確率を高められる場合があります。

先に述べた通り、1人チームの最大のメリットは、コミュニケーションスピードが無限大である点です。デメリットはマンパワーとレジリエンスが不足することですが、ハイスキルなCEOであれば、マンパワーは業務委託で外部のパートナーを活用することによりスピードを落とさずに走りきれます。レジリエンスを補うことは難しいのですが、他のリーダーとの交流を持つなど、同じようなハイスキルCEOとの交流で補完できる場合があります。


以上が、代表的な創業チームのパターンです。最後に、補足として、以下に「うまく機能しにくいパターン」を挙げておきます。次に紹介するパターンも、あくまで「一般的には難しい」という意味合いであり絶対に機能しないわけではありません。

100事業100通りの創業チームの中で、次のパターンに当てはまりつつも機能して事業を立ち上げた創業チームもありました。あくまで王道としての考え方として読んでいただければと思います。

うまく機能しにくいパターン❶ Co－CEO

Co－CEOとは「共同最高経営責任者」の呼称で、スタートアップ企業の世界では、稀に見かける事例です。実際、上場企業になっていたりもするので「成立しうる」創業チームの体制ではあります。しかし、よくよくその役割分担を見ると、Co－CEOと名乗っていても、役割は「CEO＋CTO」だったり「CEO＋COO」だったりするケースがほとんどです。名乗り方が問題なのではなく、役割分担が問題なので、Co－CEOと名乗ったとしても、役割が「CEO＋CTO」であれば、機能する代表的なパターンに当てはまります。

ここでいう「うまく機能しにくいCo－CEOパターン」とは、創業リーダーが2人いて「役割がほぼ完全に被っている」パターンです。

小さな課題意識が強いWILLへと昇華していく過程で、同じようなWILLを持つ仲間に出会うことがあります。2人が強く共鳴して「一緒にやろう」となること自体は大変望ましいことですが、この「役割がほぼ完全に被るＣｏ－ＣＥＯパターン」に陥らないよう気をつけてください。

役割が完全に被ってしまうと、ちょっとした方向性や意見の違いをすり合わせ、チームとしての合意形成をするためにかかる労力が甚大になります。先に述べた通り、新規事業開発のプロセスでは、膨大な情報量を高速にさばいて蓄積していく必要があります。顧客の声や製品開発について、チーム内で深く議論することが重要である以上に、スピーディーに意思決定をし、次の動きにつなげなければいけません。そのときに、同じ役割を持った2人の創業リーダーの「ちょっとした意見の違いを埋める」ために労力と時間を使ってしまうのはある種のタブーです。

このパターンの創業チームは、最初は勢いよく進むものの、ある段階で空中分解することが多い印象です。ただ、空中分解した後、「代表的なパターン⑤ＣＥＯのみ」もしくはそれぞれ別の創業メンバーを新たに見つけて、それぞれが別のチームとして成立していくケースも見られます。

■うまく機能しにくいパターン❷　CEO不在

「CTO＋COO」など、CEOが不在のパターンです。詳しくは第5章で解説しますが、新規事業開発においてもっとも重要なことは「顧客の声を大量に集める」こと。その役割が欠如したチームでは、絶対に新規事業を立ち上げられません。サラリーマンが新規事業を立ち上げる場合のチーム編成において、もっとも多く見られる失敗パターンです。

たとえば「CTO＋COO」パターンのチームでは、CTOが製品開発のための技術を突き詰め、COOが複雑な業務工程を紐《ひも》解くことにのみ注力してしまい、肝心の顧客の声を誰も聞かない結果、「世の中の誰も必要としていない立派な製品」ができ上がってしまいます。

うまく機能しにくいパターン❸
CEO＋CPO＋COO＋CTO－他

人数が多すぎるパターンです。一見、必要な役割がすべて網羅されており、あらゆる業務を外部に委託せず、社内で完結できる強力なチームに見えますが、コミュニケーションスピードが遅くなりすぎます。

「これだけは絶対に外部に委託してはいけない」という役割を絞り込み、それを担当できる最小チームを編成すること。それが、創業リーダーに求められる最初の課題です。

第 4 章

立ち上げ前に必ず知るべき新規事業「6つのステージ」

新規事業の立ち上げでは「してはいけない」質問がある

第3章では、ＷＩＬＬを抱いた創業リーダーが最初に取り組むべき創業メンバーの選び方について解説をしてきました。ＷＩＬＬを形成し、仲間を得て創業チームが立ち上がれば、いよいよ新規事業開発のスタートです。

しかし、創業チームの意欲を削《そ》ぎ、まったく新規事業が生み出せない構造を自ら作ってしまっている日本企業はたくさん存在します。そのような企業では、立ち上げの細かい方法論以前の問題として、全体のプロセスを把握していないがゆえに、無自覚に新規事業を殺してしまっているのです。

ケース4-1

本業が頭打ちになって久しい当社では、数年前から社長の勅命を受けた新規事業開発プロジェクトが活動をしているが、未だに立ち上がった事業はない。経営企画の同期から漏れ伝わってきた話では、プロジェクトの立ち上がり直後から、戦略コンサルティングファームへ「新規事業開発戦略の立案」を依頼し、丸1年をかけた市場調査と競合調査を実施。市場の魅力度の高いヘルスケア領域でデータプラットフォーム事業を立ち上げるという案がまとまり、経営会議でプレゼンテーションを行ったが、「案に具体性がない」の一言で却下となった。

頭を抱えたプロジェクトチームは方針を切り替え、多数のスタートアップ企業や大学の研究室から「具体的な事業につながるネタ」を集めてアイディア出しを行い、介護施設の職員の業務負荷を減らすデバイスを開発する事業案にたどり着いた。具体的な開発スケジュールや細かいサービスの仕様も決め切り、今度こそ、と意気込んで「具体性を伴ったプラン」として経営会議でプレゼンテーション。しかし今度は「市場性が見えない」「当社で取り組む意義がわからない」のコメントとともに却下となった。

そして、3度目の正直として先日行ったプレゼンテーションの準備にあたっては、再度方針を切り替え、自社の持つ強みやアセットの整理からスタートした。多くの事業部門を巻き込んで自社の強みを整理し、議論を重ねた。その結果できあがった案は、当社の3つの事業部門をまたがるCRMプラットフォームを構築し、外部のパートナー企業へとオープン化することで、マーケティング支援のソリューション事業に参入するという、壮大で具体的で、かつ自社の強みも生きるもの。今度こそ、と意気込んだプレゼンテーションだったが、「新規事業としての目新しさがない、事業部門がやればいいだけのこと」と一蹴され、やはり却下となった。

いったいどう進めたら経営会議で納得が得られる新規事業案などできあがるのだろうか。そうつぶやいた同期の顔は、悲壮感を通り越して、諦めの表情を漂わせていた。

こんなシーンを目の当たりにしたことはありませんか？　ケース4－1では、社長から勅命を受けて必死に作り上げた案が、最初の経営会議では「具体的ではない」という理由で却下されています。これは新規事業の世界ではもっともよく見かけるシーンの1つです。

市場調査からスタートした新規事業は、必ず「ありきたりの誰もが思いつく戦略」に着地し、戦略としては儲かることになっているが「具体性がなにひとつない案」になります。現場の生々しい課題に触れずに作られた、机上の空論にすぎないからです。結果、ケースの中では「案に具体性がない」というコメントで却下されていますね。

それならば、ということで、その後のプロジェクトチームは「具体性」を伴った案を作り上げますが、今度は「市場性」を理由に却下されました。大きくならなそう、儲からなそうということでしょう。また「当社がやる意義」というよくわからない理由も添えられています。

ここで足が止まってもしかたがないところですが、プロジェクトチームは「3度目の正直」と再度立ち上がり、アプローチを変えました。「具体的でかつ市場性がある案」として、自社のアセットを組み合わせた周辺領域への進出を提案しますが、「目新しくない、おもしろくない」という理由で却下。具体性も市場性もやる意義も兼ね備えた案をせっかく提案したのに、「目新しさ」ってなんなんだと頭を抱えたくもなりますが、こういった状況は多くの企業の中で共通して見られます。

ここで発生している問題の非常に根深い点は、**経営会議に登場する「判断ロジック」は、じつは毎度「判断としては正しい」**点にあります。具体的ではないという判断も、市場性がないという判断も、領域としての新規性が低いという判断も、自社のアセットを活かしていないから勝てる理由がないという判断も、「経営判断としては正しい」のです。

では、この「正しいはずの経営判断」のどこに問題が潜んでいるのでしょうか。

その答えは、**提案する側も判断する側も「新規事業開発の適切なプロセスを理解していないこと」**です。ケース4－1に出てくる経営会議での判断コメントは、いずれも「できあがった新規事業に対するよしあし」を判断する基準としては非常に正しく真っ当なものです。

しかし、新規事業が「できあがる」、つまり既存事業と匹敵するほどの規模まで大きくなる「以前」には、いくつもの段階が存在し、その段階ごとの適切なプロセスが存在します。それを知らずに、生まれてもいない赤ん坊のような段階の新規事業案に対して、あたかも既存事業と匹敵する事業に対するかのような判断基準を適用してしまうこと、そして提案する側もそれに応えようとしてしまっていることこそが問題の本質です。

生まれる以前の**最初の段階の新規事業案に対しては、「儲かるのか」「具体的なのか」「やる意義があるのか」という頻出質問は、決して「してはいけない」**のです。

用いるべき判断ロジックは、その新規事業の段階によって異なります。するべき質問だけを質問し、答えるべき質問にだけ答える。そのことを提案する側も判断する側も理解していないから、適切なプロセスさえ知っていれば立ち上がったかもしれない新規事業案がすべて「正しい判断」によって却下されてしまうのです。

企業内新規事業が共通して目指すべきゴールは、「新規事業」という枠組みで語られる段階を卒業し、既存事業と匹敵するほど重要で大きな事業になることです。そのゴールに至ってはじめて、「経営会議で、既存事業に匹敵する規模の事業であるかのような判断を適用してもよい段階」となります。

第2章で解説したとおり、すべての新規事業は、たった1人のサラリーマンの小さな「WILL」から始まります。WILL、つまり事業とは決して呼べないような儚《はかな》い気持ちや「アイディアの種」の段階から、「既存事業に匹敵する段階」までには、長い長い道のりが存在するわけです。

私は、2000件におよぶ新規事業に関わってきた経験の中で「ビジネスモデルにも産業領域にもよらず、共通して新規事業が育っていくプロセス」を6段階に分けて定義しました。

それぞれのステージではやるべきことは完全に切り変わり、事業に対する判断基準も完全に異なります。そのステージでやるべきこと「のみ」をやり、他のステージでやるべきことを、決してそのステージではやってはいけません。

また、それぞれのステージで目指すべきは「次のステージへの昇格」です。そこには、飛び級もなければ近道もありません。序盤のステージにいる新規事業を一足飛びに後半のステージへと持ち上げたり、持ち上げるための強引な判断や進行をしてしまうシーンがよく見られますが、決してやってはいけません。**新規事業開発には適切な手順がある**のです（図4－1）。

それでは、6つのステージをまずはざっくりと俯瞰してみましょう。具体的な方法論は次の5章以降で解説していきますので、ここでは「新規事業開発プロセスの全体を俯瞰し、全体感を摑む」ことをゴールとしてください。

図4－1：新規事業の6ステージ

ステージ	内容	次のステージへの昇格基準
WILL（誕生）	おぼろげでも取り組みたい顧客課題を見つけ、そこへのWILLの形成を目指す段階	
		WILLが強いか、強まりそうか/走り抜けるチームかどうか
1.ENTRY期	魅力的で検証可能な事業仮説の提示を目指す段階	
		顧客・課題・ソリューション仮説・検証方法のセットが成立しそうか
2.MVP期	事業性をともなった魅力的な事業計画の提示を目指す段階	
		仮説が実証されているか投資可能な事業計画か
3.SEED期	商用レベルでの事業の成立とグロースドライバーの発見を目指す段階	
		実際に商売が成立したか成長のための拡大方法が見えたか
4.ALPHA期	実際にビジネスが最初のグロースを実現することを目指す段階	
		事業が成長状態に入ったか/組織戦略と対競合戦略が現実的か
5.BETA期	経営会議で議論できる最小限の規模に到達し、かつ成長状態であることを目指す段階	
		成長率を落とさず成長状態が続くか/既存事業と遜色ないガバナンスか
6.EXIT期	新規事業の枠組みを卒業し、成長投資を獲得し、企業戦略の一部に組み込まれることを目指す段階	
		社内での位置づけ整理・IR方針/既存事業を凌駕する規模への投資戦略
Company（卒業）	既存事業と呼ばれる段階（新規事業の枠組みを卒業している）	

ステージ1「ＥＮＴＲＹ期」
——仮説を提示する

ＷＩＬＬを抱き、創業メンバーを見つけてチームを編成した新規事業リーダーが迎える最初のステージが「ＥＮＴＲＹ期」です。このステージを「ＥＮＴＲＹ期」と名付けた理由は、新規事業コンテストへの参加に代表されるような、いわば「エントリーシートを記入する」段階に相当するからです。

このステージで最初に目指すべきは「事業仮説を構築する」ことですが、ここでいう「事業仮説」とは、次ページの４点セットです（図４－２）。このセットを構築することがＥＮＴＲＹ期のゴールとなります。

図4－2事業仮説を構成する4つの要素

顧客

・顧客は誰か
・たしかにそういう人や企業は存在するか

↓

課題

・課題は何か
・たしかにそういう課題はあるか
・それがどれほど根深いか

↓

ソリューション仮説

・その顧客のその課題はその方法で解決できるか
・たしかに解決できそうか
・代替手段はないのか

↓

検証方法

・顧客、課題、ソリューション仮説が成立するための検証方法は何か
・それが期間、予算内でできそうか

仮説の要素❶　顧客

顧客は誰か。この「誰か」を定義することがすべての新規事業の出発点です。課題を持った人や企業を見つけ、明確に言葉で定義しましょう。

ここで重要なのは、その定義の「きめ細かさ」です。「20代女性」「地方の中小企業」のような雑で広い定義ではなく、もっとありありとその人や企業をイメージできなくてはなりません。マーケティングの世界で使われる手法の1つ「ペルソナ」の設定を行うこともよくあります。

定義された人や企業が「たしかにこの世界に存在する」とイメージできること。そのリアリティが大切です。

仮説の要素❷　課題

課題は何か。①で定義した顧客候補が直面している課題について明らかにしましょう。将来的にビジネスとして成立するのであれば、その顧客は、「お金を払ってでも解決したい」と思う根深い課題を持っているはずです。その根深い課題こそが2つ目の要素です。

ここで注意が必要なのは、**創業リーダーは顧客の課題に対して思い込みが激しくなりがち**だということ。新規事業を立ち上げたいがために、本当はそこまで根深くない課題を「根深い課題だ」と解釈したり、思い込みで走ったりしてしまいがちです。

仮説の要素❸　ソリューション仮説

ソリューションは何か。①で定義した「顧客」の、②で定義した「課題」を解決できる「ソリューションの仮説」を提示しましょう。ソリューション、つまり解決方法を考えるにあたってやってしまいがちなのが「実現できるか」という可能性の観点から仮説を考えたり修正したりしてしまうこと。しかし、ＥＮＴＲＹ期に大切なのは、その解決方法の「実現可能性」ではなく、「それをやったら本当に課題が解決できるのか」です。

日進月歩の現代社会においては、便利なサービスがすでにたくさんあります。テクノロジーの進化も止まりません。そんな時代に、まだ解決されずに残っている課題は「すぐにできそうなことでは決して解決されない課題」のはずです。

逆に、実現可能性が低そうに思える突拍子もないアイディアだったとしても、それをやれば確実に課題が解決され、ビジネスになるのであれば、この時代のあらゆるテクノロジーや有識者と連携することで、そのアイディアに近いソリューションを実現することができるかもしれません。

実現できそうなソリューションではなく、**実現できるかはわからないけれど「確実にその課題を解決できる」というソリューション仮説を提示すること**がＥＮＴＲＹ期には重要です。

仮説の要素❹　検証方法

「①で定義した顧客の、②で定義した課題を解決する、③で定義したソリューション仮説」のセットを、検証するためのプランを提示します。ENTRY期に構築する事業仮説は、極端な話、まだ妄想や空想の状態でもかまいません。

ただ、次に迎えるMVP期ではその妄想や空想を「現実」に変換する必要があります。定義した顧客を実際に見つけ、定義した課題を実際の現場から見える化し、定義したソリューション仮説が実施されるとたしかに課題が解消されお金が支払われることを「実証」する必要があります。

「こうすれば実証できる」というプランを示せること。そこまでがENTRY期の事業仮説の構築には求められます。

ちなみに、もっとも確実な検証方法は、「実際にその事業をリリースして売ってみること」です。これに勝る検証はありません。

しかし、検証方法を考えるにあたって大切なのは「予算」と「期間」という2つの制約条件をクリアしていること。「妄想かつ空想」であるENTRY期〜MVP期の事業仮説の検証に与えられる予算と期間には、限りがあることがほとんどです。

たとえば「予算30万円以内、期間は6ヶ月」で検証するとしたら、どういう活動をすると、顧客・課題・ソリューション仮説のセットを検証できるか。検証自体はまだ不要ですが、検証方法の方向性が見えていることがENTRY期には求められます。

ステージ2への昇格基準

ここまで解説してきた事業仮説を構成する4つの要素が揃ったら、ステージ2「MVP期」へと昇格します。

たしかに存在しそうな顧客が、たしかに存在しそうな根深い課題を持っていて、それはそのソリューション仮説によって解決されそうであること。そして、それらをどうやったら期間内かつ予算内で検証できそうか、そのプランにイメージが持てること。これが、昇格の基準となります。

ここで大変重要なポイントは、**ＥＮＴＲＹ期の段階で揃えるべき事業仮説は上記の４要素「のみでよい」**ということです。企業の偉い人がよく質問する項目である、市場について、競合について、実現可能性について、事業計画について、収益性について、などの要素は一切必要ありません。これらはステージ２以降で加えるべきであり、ＥＮＴＲＹ期に揃える要素ではないことにくれぐれも注意してください。

ステージ2「ＭＶＰ期」――仮説を実証し、投資判断ができる事業計画を立案する

ＭＶＰ（エム・ブイ・ピー）とは、Minimum Viable Product（ミニマム・バイアブル・プロダクト）の頭文字を取った新規事業開発のための用語です。日本語に訳すると「検証可能な最小限の製品」という意味合いになります。このステージでは主に試作品を作り仮説の検証を行うため、「ＭＶＰ期」と名付けました。

やるべきことは大きく分けて2つです。1つは「ＥＮＴＲＹ期の事業仮説を実証すること」、そしてもう1つは「事業計画として成立させること」です。

■事業仮説を実証する

ＥＮＴＲＹ期に構築した事業仮説は、どれほどよくできたものであっても妄想かつ空想の状態を抜け出ていることはありません。ＭＶＰ期では、それらを「事実」として語れる

状態に転換していきます。

やるべきことは、2つです。**課題を持った顧客を実際に見つけてくること。そしてその人や企業に対してソリューション仮説の検証をさせてもらうこと**です。

実際に顧客を見つけるところでは、あらゆる手段を使って対象者にたどり着きましょう。友人や家族に紹介を依頼する、社内のネットワークを活用する、SNSで探して話しかけてみる。企業が対象であれば代表電話から連絡したり、会社ホームページから問い合わせを出してみる、(多少の予算が使えるのであれば)インタビュー調査を請け負っている企業に依頼してみる、などです。

もしもENTRY期に構築した事業仮説が後に成立するものなのであれば、この世界のどこかに必ずその課題を持った顧客が存在します。MVP期ではまず、その顧客がたしかにいると証明しなければなりません。

そして、見つけた顧客にソリューション仮説の検証をさせてもらい、検証を通して、たしかにそのソリューションによって課題が解決され、お金が支払われると確認することを目指します。

事業計画として成立させる

実証に加えてMVP期で行うべきこと。それは、その実証した事業仮説が、投資可能であり将来的には儲かる構造を持ったものだと証明することです。そのためには事業計画として成立させなければなりません。

具体的にやることは、

①売り方の設定と値付けを行う
②コスト構造の見積もりを行う
③時間軸を入れてシミュレーションをし、将来的に儲かるという計算を成り立たせる

の3つです。

まずは「売り方の設定と値付け」です。事業仮説が実証されていれば「その顧客は、その課題をそのソリューションで解決すれば、たしかにお金を支払ってくれる」はずです。次に明らかにすべきは「いくらまでなら支払ってくれるのか」です。

値付けも、顧客への検証を通して明らかにしていきます。その課題解決に対して支払ってくれる金額は、100円なのか、1000円なのか、1万円なのか、10万円なのか。継続的にサービスを提供していくモデルであれば、その顧客が支払い続けられる金額であることも重要です。

顧客の財布の中で、その課題解決に対して支払われる予算はどう捻出され、それはいくらなのか。その構造をヒアリングと実証実験を通して明らかにしていきます。

値付けの次に明らかにすべきは、そのソリューションを提供するためにかかる費用構造です。売上と連動して発生する原価などの変動費もあれば、働く人の人件費や家賃などの固定費もあるでしょう。それぞれの項目を明らかにしていき、値付けとのバランスが成立しているかを見極めていきます。

たとえば、顧客が支払いうる金額が1万円のソリューションに対して、3万円のコストがかかるとしたら、それは「課題解決にはなるけれど、ビジネスとしては成立しない」ものです。「提供するためにかかる費用を上回る金額を顧客が支払ってくれる」という状況を作り出し、それを事業計画に反映していく必要があります。
月次の計画をシミュレーションし、どのくらいの顧客数になったら固定費を賄《まかな》えて黒字転換するのか、そしてそれ以降、どのくらい顧客数が増えればどのくらいの利益が残る事業になるのか。そのときの顧客数は到達可能なものか、などのシミュレーションをエクセルで行います。

コラム4-1

新規事業では解決できない課題がある

顧客が支払う金額が、提供するためにかかる費用よりも大きくないといけない。当たり前のことのように思われるかもしれませんが、これが成立していない事業も世の中には存在します。それは、税金で実行される公共事業や、寄付金等で賄われ実施されるNPOなどの非営利セクターの事業など、いわゆる「公的な事業」です。

一般的に社会課題と言われるような、本当に根深くて巨大で複雑な課題は、課題を抱えた人が支払うことのできる金額に対して、解決するための費用が莫大になるケースがあります。社会保障のための事業や、保険が適用される医療サービスなどが代表的です。補助金が投入されることで成立している農業・林業・漁業などの一次産業の一部などもそうです。これらは、税金をはじめとした、ビジネスとは別の枠組みによって、課題解決のための事業が運営されています。

新規事業とは、「ビジネスという枠組みによる課題解決」です。顧客が支払うことのできる金額を下回る提供費用でソリューションを組み立てることができたときのみ、営利企業が手がける事業として成立します。

古くはＪＲやＮＴＴが、近年では郵便が「民営化」という取り組みで、公的な事業からビジネスへと姿を変えています。この「公的な事業でないと成立しないか、ビジネスとして成立させられるか」は、同じ事業であっても時代によって変わります。特に、テクノロジーの進化はコスト構造を激変させるので、それまでは提供コストが高くて公的な枠組みでしか解決できなかったものが、ビジネスとしても成立するようになった、ということが起こりえます。

公的な事業をテクノロジーの投入によってビジネス化できるという領域があれば、大きなビジネスチャンスとも言えます。

ステージ3への昇格基準

事業仮説が実証され、事業計画が成立すれば、ステージ3へと昇格します。「顧客・課題・ソリューション仮説」がたしかに仮説どおりだったと実証され「そのために顧客が支払う金額が提供コストよりも大きく、顧客数を拡大できれば大きな利益を生む」というシミュレーションが成立するかどうか。これがステージ3への昇格基準となります。

ステージ3「SEED期」——実際に商売を成立させ、グロースドライバーを発見する

SEED（シード）とは「種」を意味する英単語ですが、スタートアップ企業の世界で「シードラウンド」というと「製品が世の中にリリースされ、最初の顧客を掴んでビジネスとして成立した段階」の企業が行う資金調達を指します。このステージは、まさに最初の製品を世の中に出す段階のため、「SEED期」と名づけました。

やるべきことは、大きく分けて2つです。**「実際に商売を成立させる」こと、そして「グロースドライバーを発見する」**ことです。

■実際に商売を成立させる

MVP期を超えてきたチームには、実証された事業仮説と、収益化の目処《めど》が立った事業計画のシミュレーションが手元にあるはずです。ここまでたどり着いた

ら、最低限必要となる投資金額を会社から得て、あとは「一旦やるだけ」のステージと言えます。実際にサービスや製品を組み立て、新規事業として世の中にリリースし、販売を開始しましょう。

ちなみに、MVP期でやった「事業仮説を実証する」ことと、SEED期で行う「実際に商売として成立させる」ことは、顧客に対して製品や製品仮説をぶつける意味では非常に似ているのですが、その間には大きな溝が存在します。どれだけMVP期で実証を積み上げたとしても、それは「実際に売ったわけではない」からです。そのため、**「MVP期では成立した仮説が、SEED期にひっくり返る」という事態は十分に起きえます。**

実際に、私が関わってきた多くの新規事業でも、MVP期の実証段階では「これはたしかに顧客が支払ってくれる。課題も解決できる」と判断できたものでも、いざSEED期に作って売ってみたら「買ってもらえない」「課題が解決されない」という事態が幾度となく発生しました（その理由はコラム4－2で解説します）。

統計を取ったわけではありませんが、私の感覚としては、MVP期を経てSEED期に昇格した事業のうち成立しないものは約半分ほどです。これはある程度避けられない現象です。

その場合、そこで見えた課題に対処したり、サービスや計画を修正したりすることで成立まで持っていけるケースもあれば、あえなく撤退となるケースもあります。

これはもはや「どう捉えるか」の問題なのですが、私は、**MVP期においてたしかな実証を行い、SEED期で撤退となったチームには、心からの賞賛を贈ってよい**と思っています。「実際にやってみた結果、成立しなかった」という事実は、それ自体が大きな学びであり、その後の会社の資産にもなるからです。また、その段階まで事業仮説を磨き上げられた創業チームはたしかに人材として育っているし、そこまでの取り組みは素晴らしい活動だったに違いないからです。

SEED期にたどり着き、実際にやってみて、たしかに顧客から売上が立ち、商売として成立させられること。この段階が、6ステージの「中間ゴール」です。ここまでくれば、長いプロセスの中でも1つの大きな溝を越えたといってよいでしょう。

コラム4-2

仮説で好感触の事業が実証段階で失敗する理由

MVP期にはたしかに成立すると思った事業仮説がSEED期に実際にやってみると成立しなかった。その不幸はなぜ起こるのでしょうか。未然に防ぐことはできないのでしょうか。

この現象が起きる原因は多岐にわたるので、完全に防ぐことは難しいと言えます。

MVP期は、どれだけ細かく実証を積み上げたとしても「実際に売るわけではない」ステージであり、検証に多くの仮定や解釈を含むからです。しかし、その中でも「比較的よく見られる現象」が存在します。名付けて「顧客の創業チーム化現象」です。

MVP期に実証に付き合ってくれる顧客は、まだ形にもなっていない、成立するかもわからない事業仮説に、時間とパワーをかけて付き合ってくれるとても貴重な存在です。

そういう検証相手を見つけるために、創業チームは「検証相手になってほしい」と口説き、自分たちが作りたい事業の姿を懸命にプレゼンし、魅了し、巻き込んでいきます。この「口説き」によって検証相手が見つかり、MVP期の検証が進むのですが、その過程で「検証対象であった顧客が、ビジョンに魅入られすぎて創業チーム化する」という現象が起きます。本当はシビアに「顧客候補」として判断してもらわなければいけないのですが、その顧客自身に創業チームを応援したい気持ちが生まれ、バイアスがかかるようになるのです。

これは、程度の差こそあれ、すべてのMVP期のチームに発生する状態です。このバイアスが一定より小さければ検証として機能するのですが、大きいほど「実際にやってみたら成立しなかった」となるリスクも高まります。

では、顧客候補を巻き込みすぎない方がよいのかといえば、そうとも言えないのがこの問題の根深いところです。顧客をある種のパートナーのようなレベルまで巻き込むことができる創業チームの力は、新規事業開発においては何ものにも代え難い力です。深く顧客が巻き込まれることによって、見えない課題が見え、思いもつかなかったソリューションにたどり着ける確率も高まります。

よって、私はMVP期の検証結果とSEED期の結果にギャップが生まれるのは、ある程度しかたがなく、「そういうものだ」と捉えることが正しいと考えています。

グロースドライバーを発見する

グロースドライバー（growth driver）とは、直訳すると「成長の原動力」を意味する英単語ですが、ここでは「顧客を拡大するための方法」という意味で使います。

実際に商売を成立させることができた事業には、世の中にリリースされた製品と、その最初の顧客と、最初の売上が存在するはずです。次に目指すべきが、その「顧客数の拡大」です。

いわゆるセールス（営業）や、マーケティングを行うことになるのですが、ここで注意すべきは「LTV＞CAC」という計算式が成立するかどうかです。

LTVとは「Life Time Value（ライフタイムバリュー）」の略で「いち顧客が、最初の接触時点から、関係性が継続する限りの期間にもたらす利益の総額」を意味する経営用語です。ＣＡＣとは「Customer Acquisition Cost（カスタマーアクイジションコスト）」の略で、「いち顧客を獲得するのに要した営業およびマーケティングのトータルコスト」を意味するマーケティング用語です。

ＳＥＥＤ期にリリースした製品を最初に買ってくれた顧客の存在は、何ものにも代え難い喜びをもたらしてくれますが、その顧客はどのように獲得したのでしょうか。おそらく、ＥＮＴＲＹ期、ＭＶＰ期から継続してきた活動の中で出会った顧客候補の中から、あの手この手で創業メンバーが直接コミュニケーションを重ねて取引に至ったケースが多いと思います。

つまり、最初の顧客は、獲得コストの観点から見るとビジネスとして成立していないということです。計算式でいえばＣＡＣが高すぎて、ＬＴＶを上回るため、「赤字顧客」になっているはず。

ただ、最初の顧客はＣＡＣを度外視し、買ってくれるだけで非常に大きな価値があるので、それでよいのです。しかし、それ以降は、ＣＡＣを考慮して顧客を獲得していく必要があります。

ＭＶＰ期の「事業計画として成立させる」段階で「顧客が払ってくれる金額よりも低い提供コストでないといけない」という基準がありました。ＳＥＥＤ期にたどり着いているということは、売上が上がれば、それを下回る提供コストで製品を届けられるので、売れば売るほど利益は積み重なる構造になっているはずです。

しかし、提供コストに営業・マーケティング費用を乗せた上でも利益が出る構造を作れないと、本当の意味での利益は積み重なりません。

１人、もしくは１社からもたらされる利益を下回るコストで顧客を獲得する営業やマーケティングの手法。それがグロースドライバーです。

新規事業においては、よほどの高単価・低原価率の製品でない限り、「ＬＴＶ＞ＣＡＣ」が成立せず、**営業・マーケティングにおいてもなにかしらの「発明」が必要になる**ケースが多いです。

ここまで、新規事業とは、「顧客・課題・ソリューション」のセットを成立させることだとしてきましたが、ＳＥＥＤ期以降では、「営業・マーケティング手法の考案」が加わってきます。**製品やサービスそれ自体と同じかそれ以上に、営業・マーケティング手法にもユニークさが求められる**ことも少なくありません。

■ステージ4への昇格基準

「実際に商売が成立し、グロースドライバーが発見できていること」がステージ4への昇格基準になります。世の中にリリースされた製品やサービスが存在し、そこに少数でもたしかに顧客が存在し、小さくとも確実な売上が立っていて、それを拡大するための営業・マーケティング手法が考案できていること。

この基準をクリアすれば、最初の大きな投資に踏み込む判断ができます。

ステージ4「ALPHA期」
——最初のグロースを実現する

SEED期を超えると、営業・マーケティングに投資する意思決定ができます。「LTV＞CAC」の計算式が成立している手法があるのなら、資金を投下しさえすれば顧客が拡大し、比例して売上と利益が積み重なるはずだからです。

ALPHA期は、「実際に大きく資金を投下して、顧客と売上・利益の拡大を実現する」ステージです。

ベンチャーキャピタルの世界では、このあたりのステージのスタートアップ企業を対象とした資金調達を「Series A（シリーズ・エー）」と呼んだりします。企業内新規事業の世界では、株式を対価とした資金調達を行うわけではないため、そのままAと表現するのではなく、ALPHA（アルファ）というギリシア文字に変換しました。また、ALPHAは、数学の世界では「方程式の解」として活用される文字でもあります。ここまで積み上げてきた「顧客」「課題」「ソリューション」「営業・マーケティング手法」のセットが噛み合い、最初の成長を手にするこのステージが、1つの「解」に相当する。そんな想いも込めてステージの名前をつけました。

グロースを実現する

迷うことはありません。ここまできたら、SEED期に見出した営業・マーケティング手法を信じて、ためらわずに資金を投下し、ひたすら顧客数を拡大しましょう。「LTV＞CAC」の計算式が成立しているので、いくら投資をしても利益として返ってくるはずです。

ここまでは投資予算が限られていたり、先が見えなかったりと、肩身が狭い新規事業プロジェクトですが、はじめて肩で風を切って歩く感覚を持てるのがこのステージです。ここまで積み上げてきたすべての仮説が嚙み合って、日に日に顧客数と売上が拡大していくこの段階は、新規事業開発のプロセスの中では青春時代。寝食を忘れて夢中で事業拡大に没頭できるでしょう。

ALPHA期では、とにかく営業・マーケティングのアクセルを踏みまくり、顧客数の拡大に邁進すればよいのですが、以下の3点を考慮する必要があります。次なるBETA期に昇格する際に求められる基準でもあるので、青春時代を謳歌しつつ、慎重に計画を微調整し続けましょう。

ALPHA期に注意すべきこと❶ CACの悪化

ひとたび「LTV>CAC」が成立した営業・マーケティング手法も、顧客を拡大するうちに、CACは悪化していきます。1つの営業・マーケティング手法において、序盤に反応する顧客はアンテナが高く、その製品やサービスとの相性もよい顧客です。それらの顧客を取り尽くしていくと、相性の悪い顧客が残ります。新規顧客が獲得し続けられたとしても、効率が悪化していくことは避けられません。

この「CACの悪化がどのペースで起きるか」を注意深くモニタリングし、見通しを立てましょう。顧客を拡大し続ければ、どこかの時点で「LTV=CAC」に、そして「LTV<CAC」になります。その転換点が、その営業・マーケティング手法における「顧客獲得上限数」になるはずです。その上限に至った段階で、どの程度の売上・利益規

模になるのか。黒字化は果たせているか。

思ったよりも速いペースでCACが悪化しそうであれば、営業・マーケティング手法を修正したり、ときには一度資金の投下を凍結して計画を見直す必要があるかもしれません。

青春時代とはいえ、CACの悪化に関してはシビアに目を光らせ続けることが肝要です。

ALPHA期に注意すべきこと❷ 組織の疲弊・成長痛

顧客数と売上の増加にばかり気が行きがちなALPHA期ですが、それに伴い起こる組織の拡大にも目を向けなければなりません。この段階では営業・マーケティングに必要な「攻めの人員数増加」だけではなく、顧客拡大に伴って拡大するバックオフィス体制、つまり「守りの人員数増加」が同時に起きます。

ALPHA期に最初の成長を手にすると、例外なく組織規模が拡大していきます。しかも、SEED期までとは比較にならないほどの速度で。業態やビジネスモデルにもよりますが、SEED期にはせいぜい5から10人程度だった組織規模が、ALPHA期には30人前後にまで一気に拡大していきます。

ハイペースの組織拡大は、疲弊と組織問題を引き起こします。

毎月のように新しいメンバーがプロジェクトに参加するようになると、これまでの立ち上げ経緯を知らない「新人」の比率が高まり、コミュニケーションコストが指数関数的に上がっていきます。SEED期まではメンバー間の暗黙の了解で進められてきた項目の1つひとつに、説明が求められるようになります。情報共有の仕組みを作り、マニュアルや業務フローを整備し、型化していくことが求められます。

新規事業の世界ではこれらを「成長痛」と表現することがありますが、**この問題をどれだけ鮮やかに裁くことができるかが、事業の成長速度を決めます。**既存事業からいわゆる「人のマネジメント」ができる人材を異動させるなど、組織づくりに一定の時間とパワーをかけていく必要があるでしょう。

ALPHA期に注意すべきこと❸ 競合の出現

ALPHA期に、大きな営業・マーケティング投資を行うと、かなりの確率で競合が出現します。営業先やマーケティングプロセスの中で、それまで見えていなかった潜在的な競合の存在に気づくこともあるでしょうし、後発参入を招くことだってあります。

競合の動きによっては、「LTV＞CAC」の前提がひっくり返り、構造が崩れる可能性もあります。たとえば、後発参入してきた競合が、料金を半分にして価格競争を仕掛けてくるケースなどです。

もしこちらの料金も半分以下に下げて応戦するのなら、「LTV＞CAC」の前提が崩れるため、計画からやり直さなければいけなくなる可能性も高いでしょう。

新規事業の世界における競合の動きはとても速いことがほとんどです。相手が大企業ではなく、捨て身でかかってくるスタートアップ企業であることもあります。前提が崩れたからといって競合は待ってはくれず、瞬時に判断し、応戦していかなくてはなりません。

ところが、企業内新規事業は、上司や経営陣への説明責任を果たしながら意思決定をしていく必要があります。ゆえに創業リーダーがすべきことは、**できる限り早いタイミングで危機を察知し、アラートを上げ、修正計画の立案と承認にかけられる時間を確保するこ**とです。

営業・マーケティングに邁進するステージのため、目が回るほど忙しい毎日を過ごしていると思いますが、目の前のことに集中すればするほどリスクの察知が遅れます。高い意識でアンテナを張ることが求められるステージです。

ステージ5への昇格基準

「最初のグロースが実現できたかどうか」が昇格基準です。CACの悪化をコントロールし、競合に対しても適切に応戦することで、投資された資金を使いきり、当初描いた通りの顧客数と売上の拡大を実現した状態です。組織規模もかなり大きくなっていると思いますが、それに付随する問題にも対処できていて、おぼろげながら組織マネジメントの仕組みができつつあります。

この状態までやってくれれば、さらに継続した投資が得られ、持続的な事業成長を実現していく段階を迎えます。いよいよ新規事業としての枠組みの卒業が見え始める頃です。

ステージ5「BETA期」——既存事業と比較が可能な最小規模まで到達する

ALPHA期の後に続くステージということで「BETA期」。BETA（ベータ）とは、ギリシア文字における「B」。ベンチャーキャピタルの世界における資金調達では「Series B（シリーズ・ビー）」と近い状態であることも踏まえて名付けたステージ名です。

BETA期は、ALPHA期から継続して、営業・マーケティング投資を行い、持続的な事業拡大を目指していきます。

「成長率を落とさずに成長を続け、既存事業と比較が可能な最小規模まで到達する」ことと**「既存事業と遜色ないガバナンスを構築する」**ことを目指すステージです。

■既存事業と比較が可能な最小規模まで到達する

ALPHA期でつかんだ最初のグロースでは、顧客数が拡大したとはいえ、既存事業から見れば「見えない」程度の小さな規模でしかなかったと思います。これをＢＥＴＡ期には、さらなる投資によって、成長率を落とさずに規模を拡大していきます。

ＢＥＴＡ期に目指すべき規模は「既存事業と比較が可能な最小規模」です。「既存事業と匹敵する規模」である必要はありません。具体的な規模はそれぞれの企業で事情が違うので一概には言えませんが、「経営会議が完全に無視することができない規模」が１つの目安です。売上の規模を伝えたときに、社長や役員が無視せずに興味を抱き「議論しよう」という気分になる規模、と言えばイメージが湧くでしょうか。

既存事業と比較すればずっと小さいとはいえ、ＡＬＰＨＡ期より遥かに大きい規模のため、同じ営業・マーケティング手法を単純に繰り返すだけでは到達できない場合も多いでしょう。

そのため、新たな営業・マーケティングの手法を開発したり、社外の多様なプレイヤーとの提携を行ったりなど、新規事業ではあっても１つの事業部として、柔軟に成長戦略を作り続けることが求められます。

見事、規模を拡大できた暁《あかつき》には、自然と経営会議での議論に招かれることでしょう。規模自体は既存事業に及ばないとしても、成長率は全事業の中でもっとも高いはず。その成長率から、全社成長戦略を語るうえでは無視できない存在になっているはずです。

ＢＥＴＡ期の後半くらいから、上場企業であればＩＲ資料にも存在が明記されることも出てくる、そんなステージです。

既存事業と遜色ないガバナンスを構築する

事業規模が拡大し「経営会議が無視しきれない最小規模」に近づくにつれ、社内からのガバナンス圧力が強まっていくでしょう。これまでは「新規事業だから」と見逃されていたあらゆるガバナンスの穴を塞《ふさ》ぐことが要求されていきます。たとえばセキュリティレベルを全社基準まで高め、あらゆる規定を整備し、マニュアルとルールを策定し、会議の議事録をとって保管する、などです。

ＡＬＰＨＡ期が青春時代だとすると、ＢＥＴＡ期は学生を卒業して社会の洗礼を受ける時期に相当します。大人にならなければいけない時期だと言えるでしょう。

ＢＥＴＡ期の次は、いよいよ新規事業としての最終ステージ。新規事業の枠組みを卒業し、既存事業と呼ばれる段階が目前に迫ってくるため、ガバナンスの強化は当然求められます。社内でも社外でも日に日に影響力が強まり、**ＳＥＥＤ期やＡＬＰＨＡ期では見過ごされていた小さな問題１つが、露見すれば大きなリスクとなりうる時期**です。

企業内新規事業の創業リーダーの多くは、ここまで「顧客視点かつマーケット視点」で事業を進めてきたはず。なので、ガバナンスという「社内視点」に対して拒否反応を持つ人が少なくありません。しかし、ここで大人になれなければ、永遠に新規事業としての枠組みは卒業できず、それはすなわちその程度の規模で事業が頭打ちになるということです。グッとこらえて自分自身を大人に変えることができるか。創業リーダーの資質が問われるステージでもあります。

ステージ６への昇格基準

「既存事業と比較が可能な最小規模まで事業規模が拡大し、既存事業と遜色ないガバナン

スを構築できている」ことがステージ６への昇格基準です。次はいよいよ新規事業としての最終ステージ。本当の意味で既存事業に匹敵する事業になることを目指します。

ステージ6「ＥＸＩＴ期」——新規事業としての枠組みを卒業する

ＥＸＩＴとは「脱出」という意味合いの英単語ですが、スタートアップ企業の世界では、Ｍ＆Ａされる、または上場することを指す用語として使われます。

このステージでは、新規事業としての枠組みを完全に卒業し、既存事業に匹敵する状態として認められることを目指すため、ＥＸＩＴ期と名づけました。

ＢＥＴＡ期を超えてきた新規事業は、「経営会議が無視しきれない事業規模」と「既存事業と遜色ないガバナンス体制」を持っているはずです。新規事業としての枠組みの最終ステージであるＥＸＩＴ期は、**「既存事業を凌駕《りょうが》する規模への投資戦略」**と**「社内での位置づけ整理・ＩＲ方針の策定」**を実行していきます。

既存事業を凌駕する規模への投資戦略を策定する

「経営会議が無視しきれない事業規模」とは言っても、ＥＸＩＴ期に入りたての新規事業の規模は、既存事業と比べるとずっと、もしかしたらケタが１つ以上小さいこともありえます。

ＥＸＩＴ期では、その小さい新規事業を、既存事業を凌駕するまでに拡大するための投資戦略を策定していきます。

ＡＬＰＨＡ期やＢＥＴＡ期から継続してきた営業・マーケティングによって既存事業を凌駕するまでに拡大できるのであれば、それでよいでしょう。しかし、単純な拡大戦略だけではそこまでの事業規模の拡大が見えない場合、提携や買収を組み合わせた戦略作りが必要となります。

ある程度存在感のある事業規模と、過去に既存事業が作り上げてきた会社の看板を武器としながら、非連続的な成長を実現するための大型の提携先を探します。完全な競合を買収して取り込むなどのドラスティックな戦略も、ＥＸＩＴ期の新規事業であれば経営会議において議論できるはずです。

思考の幅を広げ、あらゆる選択肢をクリエイティブに夢想しながら、非連続的な成長のための一手を考案すること。このステージは、新規事業としての「卒業試験」です。

社内での位置づけ整理・IR方針の策定

ここまではあくまで会社にとって「新規事業」のため、事業が伸びているかどうかだけでシンプルに判断されてきたと思います。しかし、いよいよ「既存事業」になるということは、新規事業としての枠組みを卒業し、企業全体がその事業を「本業の1つ」と認定することになります。

そのためには、それまで企業が営んできた事業との接続や、他の既存事業との関係性など、社内での整理が必要になってきます。

社内向け、そして社外向け（上場企業であればIR方針）に位置づけを整理し、経営陣が本業として十分な説明責任が果たせる状態にまでなれば、いよいよ新規事業の枠組みを卒業することになります。

「新規事業」を卒業する基準

「既存事業を凌駕する規模への投資戦略が立案でき、経営陣が本業として説明責任を果たせるほどに位置づけが整理されている」ことが卒業基準です。この基準を満たせれば、もはやその新規事業は新規事業ではなく、もっとも会社の将来を期待される伸び盛りの「本業」になるでしょう。ここが、すべての新規事業が目指すゴールです。

ここまで、新規事業開発のプロセス全体を俯瞰しました。何の形も存在しない、いわゆる「アイディア段階」から大きな事業が形成される過程でどんなことが起きるのか、概要をつかんでいただけたと思います。次章からは、いよいよ具体的な解説に踏み込んでいきます（本書ではより不確実性の高い初期のＥＮＴＲＹ期、ＭＶＰ期、ＳＥＥＤ期に解説の範囲を絞っています）。

図４－１新規事業の６ステージ（再掲）

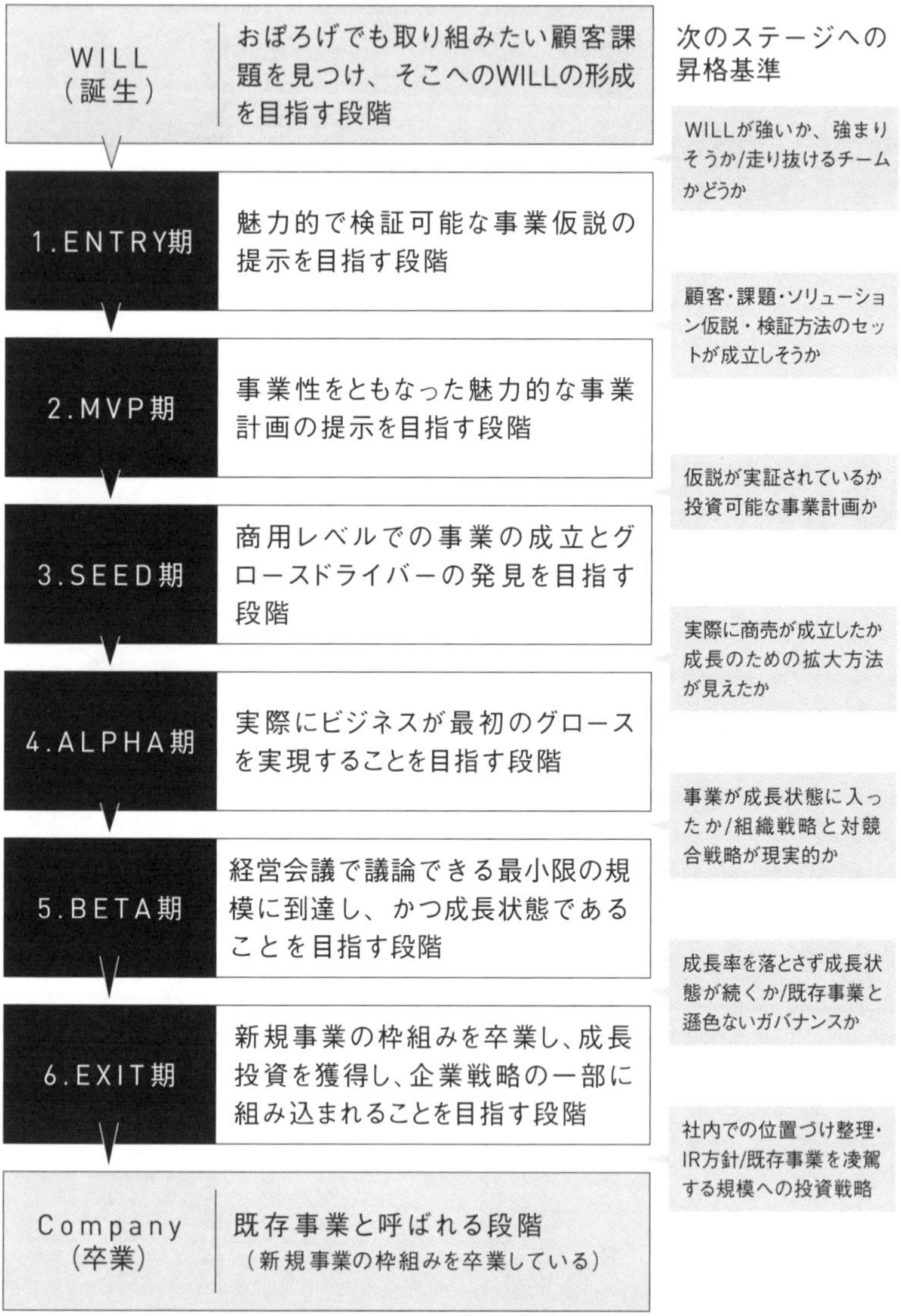

WILL（誕生）
おぼろげでも取り組みたい顧客課題を見つけ、そこへのWILLの形成を目指す段階
次のステージへの昇格基準
WILLが強いか、強まりそうか/走り抜けるチームかどうか
1.ENTRY期
魅力的で検証可能な事業仮説の提示を目指す段階
顧客・課題・ソリューション仮説・検証方法のセットが成立しそうか
2.MVP期
事業性をともなった魅力的な事業計画の提示を目指す段階
仮説が実証されているか
投資可能な事業計画か
3.SEED期
商用レベルでの事業の成立とグロースドライバーの発見を目指す段階
実際に商売が成立したか
成長のための拡大方法が見えたか
4.ALPHA期
実際にビジネスが最初のグロースを実現することを目指す段階
事業が成長状態に入ったか/組織戦略と対競合戦略が現実的か
5.BETA期
経営会議で議論できる最小限の規模に到達し、かつ成長状態であることを目指す段階
成長率を落とさず成長状態が続くか/既存事業と遜色ないガバナンスか
6.EXIT期
新規事業の枠組みを卒業し、成長投資を獲得し、企業戦略の一部に組み込まれることを目指す段階
社内での位置づけ整理・IR方針/既存事業を凌駕する規模への投資戦略
Company（卒業）
既存事業と呼ばれる段階
（新規事業の枠組みを卒業している）

第 5 章

新規事業の立ち上げ方

（ENTRY期～MVP期）

優秀な人ほどやってしまう「間違った新規事業開発手法」

第5章では、新規事業の中でも最初のステージ「ＥＮＴＲＹ期～ＭＶＰ期」において私が重要だと考える要素について、より詳しく解説していきます。

結論から言えば、**とにかくこのステージで重要なのは「顧客起点」であること**。アイディアでもビジネスモデルでも技術でもなく、「顧客」を中心に据えて進められるかどうかがすべてを決めます。

社内にある日突然「新規事業開発プロジェクト」が立ち上がり、それまで事業の立ち上げなど経験したことがなかった既存事業のエース人材が勅命を受ける。様々な企業でよく見かけるシーンです。

しかし、悲しいことにその勅命を受けた人材の多くが、新規事業の立ち上げを実現できず、何の成果もない状態で既存事業に帰還しています。優秀なはずの人材が成果を出せない事態の裏で、いったい何が起こっているのでしょうか。

ケース5-1

昨年秋に策定された中期経営計画で、当社は「産業用ロボット領域」および「ヘルスケア領域」への進出を成長戦略として掲げた。どちらも既存事業とは切り離された分野であり、大きなチャレンジを伴う新規事業領域である。

方針に従い、今期4月に社長室直下に「新規事業検討プロジェクト」が立ち上がり、既存事業の営業部門で大きな成果を上げ続けていた自分がプロジェクトリーダーとして抜擢された。上司にあたる社長室長からは「期待している。1年後までに2つの分野での具体的な取り組みプランを社長にプレゼンしてほしい」と言われた。正直、新規事業の立ち上げなんて経験したことがなく不安が大きかったが、本社からの抜擢には心が躍ったし、同じくグループの中から集められた3人のプロジェクトメンバーも優秀な人材ばかり。やる気にみなぎってプロジェクトを開始した。

まずやったことは、成長戦略として掲げられた2つの領域についての過去の検討資料を読み込むこと。なぜその2つの領域なのか。そこではどんな事業を立ち上げることが期待されているのか。経営陣の考えを把握しないと動き出すにも動き出せないと考えたからだ。

これまでに資料を読み込んでわかったことは、その2つの領域は、前3ヶ年の中で経営企画部が主導した「次世代成長戦略策定プロジェクト」のアウトプットとして設定されたものだったということ。3年間にわたる戦略コンサルティングファームや国内外の投資ファンドとの議論、そして調査をもとに、「これから成長が見込まれ、かつ当社としてやる意義がある」とされた成長分野だった。そこには、市場全体のマクロな分析と、当社の「やる意義」についての議論整理が多数含まれていたが、「具体的にどういう事業を立ち上げるか」については言及がなく、それは自分たちがゼロから考えるべきことだと理解した。

その後、そこまでの理解を社長室長に確認し、間違っていないというお墨付きを得た。動き出し方が間違っていないことがわかっただけでなく、期待の言葉をかけてもらいやる気がみなぎった。

次にやったことは、社内の他部署における取り組み・事例収集だった。産業用ロボット領域およびヘルスケア領域において、既存事業の中で取り組まれている事例やサービスがあるかもしれない。グループ中にヒアリングを行い、事例を調べた結果、いくつかのグループ会社で小さな実験的プロジェクトとR＆Dが行われていることを知り、その担当者とは今後の連携が取れる状態を作った。ここまでで約３ヶ月。ようやく「どう動き出したらいいか」がイメージできてきたので、いよいよ具体的な事業検討のプロセスに入ることにした。

次に取り組んだのは、２つの領域における競合他社、そしてスタートアップ企業や大学発スタートアップの取り組み状況の整理。自社にとって知見がない領域だから、他社の事例を通して、参入戦略を組み立てないといけない。そこから約３ヶ月の時間をかけて膨大な事例収集を行った結果、あらゆる可能性のある事業案はすでにどこかの企業によって取り組まれており、「比較的参入しやすいエリアを選ぶ」くらいしかやりようがないことがわかった。議論を重ねても出口は見えず、やや頭を抱える時期が続いた。

次に、ブレイクスルーのため、規模の大きな市場調査（グループインタビューとアンケート）を行った。だが、出てきた結論はありきたりなものであり、すでに開始されている競合のサービスの筋がよいことを裏付ける証言も出てきた。「大きな可能性があるけれど、まだ手付かずのビジネスモデル」なんて、そう簡単には見つからない。

社長室長に相談したが、返ってきたのは「期限とした1年後まであとわずかだぞ」と発破をかける言葉のみ。たしかに、もはや3ヶ月後に迫った社長プレゼンで「何も思いつきませんでした」は許されない。昼夜を問わず、プロジェクトメンバーでアイディア会議を重ねた。

そのうちに、「国内の複数の産業用ロボットメーカーと提携し、海外に進出する工場に対して機械の提供を行うリース事業」と「日本およびアジアの病院に対する、高額な遺伝子解析シーケンサーのレンタル事業」という2つの事業案にたどり着いた。似た事業を提供している競合がいないわけではないが、支配的なプレイヤーはまだ存在せず、これから伸びるはずのビジネスモデルだと自信を深めた。

でき上がった素案を、社長室およびグループ企業内で同じ領域に取り組んでいる社員に聞いてもらい、アドバイスをもらった。自分たちだけでは見えていなかった業界の構造や市場データの提供を受け、ビジネスモデルとシミュレーションの精度が高まった。

なんとか社長プレゼンには間に合いそうだ。急ぎ、事業計画と来期以降の実行計画を組み立て、プレゼンテーションの日を迎えた。

読者のみなさんの会社でこのケースと似たシーンを見たことはありませんか？

じつは、このストーリーは、「優秀な人ほどやってしまう間違った新規事業開発手法」の典型例です。「間違った」ということは、そう、この進め方をしても新規事業は立ち上がりません。しかし、多くの「優秀なサラリーマン」がこの罠にはまってしまうのです。

この進め方のいったい何が間違っているのでしょうか。そして、なぜ、多くの日本企業の現場ではこの間違った手法が蔓延してしまっているのでしょうか。

その理由を解説する前に、もう少しだけこのケース5－1を深く見ていくことにしましょう。

ケース5－1の主人公が1年間かけてやりとげた新規事業開発プロセスは、整理すると、次の9ステップになります（図5－1）。この9ステップを、さらに要素だけ抽出してきます。すると、こんなキーワードが浮かび上がってきます（図5－2）。

「確認・事例・調査・会議・資料」を「社内・上司・先輩・競合」に対して行う。

企業内で働く「優秀な人」の仕事とは、つまるところこの日本語に集約されています。

図5－1：優秀な人ほどやってしまう間違った
新規事業開発の9ステップ

1. 「前提条件」の整理＆上司に「今後の進め方」の確認
2. 社内の他部署の事例収集
3. 競合の事例 調査・海外事例 調査
4. 市場調査という名のアンケート、および浅いインタビュー
5. 社内の会議室で繰り返されるアイディア会議
6. 先輩や上司からのアドバイス
7. 6.を踏まえた社内の会議室での議論
8. 事業計画・業務工程の立案
9. プレゼン資料の作成

図5－2：優秀な人ほどやっている「仕事」の中身

確認 事例 調査 会議 資料	×	社内 上司 先輩 競合

ケース5－1で抜擢されたプロジェクトリーダーがやったことは、まず「過去の検討資料を読み込む」ことでした。そして、その進め方を上司である社長室長に確認し、自信を深めています。その後、意気揚々と取り組んだことは「社内の事例の調査」。見つけた社内プロジェクトの担当者とつながり、社内の地固めを行います。いよいよ社外に目を向けたかと思うと、事例の調査。その後も、見事に「確認・事例・調査・会議・資料」を「社内・上司・先輩・競合」に対して繰り返し行っています。

図5－2の左と右の単語を結ぶと、無限に仕事が生まれます。上司に確認する。社内の事例を調べる。先輩と会議する。競合を調査する。上司向けの資料を作る。先輩に確認を取る。社内向けの資料を作る……。優秀な人というのは、この単語の連結から生まれる「無限の仕事」を大量にやる人のことを指します。

何か悪いことをしているかのように書いてしまいましたが、じつはこれらの仕事は「既存事業の業務」においては、大変価値があります。既存事業においてはこの「無限の仕事」をやればやるほど失敗のリスクが下がり、成功確率が高まります。

「優秀な人」とは、既存事業においてしっかり成果を出している人。だからこそ、これらの仕事の進め方が体に染み込んでいます。だから新規事業開発プロジェクトに抜擢されたときも当たり前のように同じことをやります。当然です。

しかしながら、新規事業開発という仕事の立ち上げ（ＥＮＴＲＹ期〜ＭＶＰ期）に限っては、ここで出てきたすべての単語「確認・事例・調査・会議・資料・社内・上司・先輩・競合」は、その要素を１つたりとも出現させてはいけません。

既存事業では疑う余地もないほど正しい仕事の進め方が、新規事業開発の立ち上げ期においては、「1つたりともやってはいけないこと」になる。ここに、優秀な人ほどハマってしまう最大の落とし穴があるのです。

これは、この本で私が読者のみなさんにお伝えしたいもっとも重要なことなので、くどいほど書きます。ＥＮＴＲＹ期〜ＭＶＰ期においては、「確認・事例・調査・会議・資料・社内・上司・先輩・競合は、１つたりとも出現させてはいけない」。これを肝に銘じてください。

では、どうしたらよいのでしょうか。何をどのように進めるとＥＮＴＲＹ期〜ＭＶＰ期の新規事業開発は立ち上がるのでしょうか。

図5－3：ENTRY期～MVP期に考慮すべきたった2つの要素

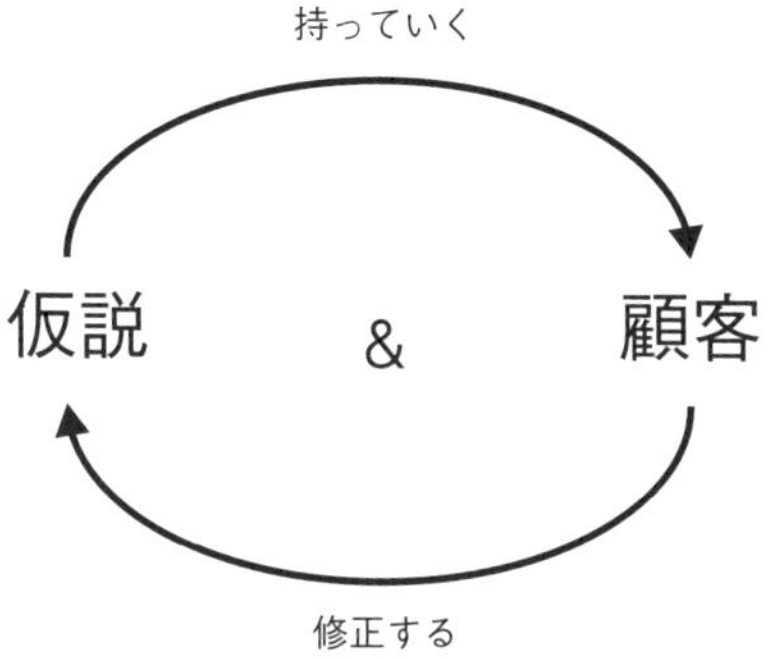

新規事業開発の立ち上げ期に登場するべき単語は「たった2つ」。**「仮説」**と**「顧客」**です（図5－3）。

仮説を顧客のところに持っていき、顧客の反応に応じて仮説を修正する。そして、修正仮説を顧客のところに持っていき、再び仮説を修正する。そして修正仮説を顧客に持っていく……。

「仮説を顧客に持っていき、修正する」のサイクルをひたすら回すのが、ENTRY期～MVP期のチームがやるべき唯一のことです。

ただ回転させればいいわけではありません

ん。その仮説と顧客の回転を、先ほど登場した9単語（確認・事例・調査・会議・資料・社内・上司・先輩・競合）を「1つたりとも登場させずに」回すことが重要です。

優秀な人であればあるほど、これらの単語が仮説と顧客の回転の間に登場してきます。「仮説を顧客のところに持っていく前に、上司に確認を取る」「顧客の反応に応じて仮説を修正する前に、競合の事例を調査する」――これらは絶対にやってはいけないことなのです。

300回顧客のところに行け

仮説と顧客のサイクルを回すにあたって、9単語（確認・事例・調査・会議・資料・社内・上司・先輩・競合）を絶対に入れてはいけない理由は、その「必要回転数の多さ」にあります。

「仮説を顧客のところに持っていく」活動を、大体何回転させると新規事業案ができあがると思いますか？

約2000件の新規事業開発の「相場観」から導かれたマジックナンバー。それが「300回」です。

先に断っておくと、マジックナンバーとはいえ、創業チームの実力、タイミング、取り組み領域やビジネスモデルなどの要素によってばらつきはかなり大きいです。

でも、**2000件のうち立ち上がった新規事業のチームのENTRY期〜MVP期を「どのくらい顧客と仮説を回転させていたか」という観点で振り返ると、その数はだいた**

い**「300回」**でした。

アルファドライブを創業して以来、多くの新規事業プロジェクトに伴走していますが、どんなチームが、どんな領域の、どんなビジネスモデルに挑んだとしても、300回転させれば、かなりの確率で新規事業案が導ける。そんな確信を深めています。

「300回顧客のところに行け」は、**スキルにも才能にも経験にもよらない、誰だって必ず新規事業を立ち上げられる、唯一再現可能かつ汎用的な手法**です。

創業リーダーに才能があるかも、最初の仮説の筋がよいかどうかも関係ない。市場性や実現可能性といったよくある観点も一切関係ありません。とにかく「仮説と顧客の回転数」のみを追求すれば、誰でも新規事業案は導けます。これはとても勇気の持てる、素晴らしい真実ではないでしょうか。

話を戻します。仮説と顧客の回転を回すにあたって、9単語（確認・事例・調査・会議・資料・社内・上司・先輩・競合）を絶対に入れてはいけないのは、この「300」という数字を達成するためです。

じつは、企業内で推進する**新規事業プロジェクトにおける最大の制約は、予算でも社内**

図５－４：300回転を実現するための生活サイクル

必要な回転数	制約時間	1ヶ月あたりの回転数	1日あたり回転数（20営業日換算）
300回転	12ヶ月	25回	**1.25回**
	6ヶ月	50回	**2.50回**

政治でもなく時間です。スタートアップ企業の創業者なら、この300回転を10年かけて実行しても許されますが、企業内で働くサラリーマンである創業リーダーには、「制約時間」が設けられます。ケース5－1では「1年後に社長にプレゼンしろ」でしたが、通常与えられる制約時間は「半年」もしくは「1年」のどちらかでしょう。

半年か1年で300回転をしようと思ったら、図5－4にあるような生活サイクルになります。「1日に約2回転」。これが、新規事業を立ち上げられる創業チームが目指すべき平均的な進捗ペースです。

仮説と顧客を「1日に約2回転」させようとしたら、どんな毎日になるか、その過ごし方がイメージできるでしょうか。

朝作った仮説を、昼に顧客にぶつけて、夕方に仮説を修正し、夜にまた顧客にぶつける。そして翌朝仮説を修正して、昼に顧客にぶつけて、夕方に仮説を修正し、夜にまた顧客にぶつける。この生活サイクルを繰り返さないといけないから、9単語（確認・事例・調査・会議・資料・社内・上司・先輩・競合）を絶対に入れてはいけないのです。

上司との会議も、競合調査も、正確にいえば無価値なわけではありません。やったらやっただけプラスになることだってあるでしょう。

でも、1日に2回転させようと思ったらそんなことをしている暇はないはずなのです。上司と会議したり競合について調べる暇があるのだったら、とにかく顧客のところに行ってほしい。でないと、制限時間内に必要な回転数にたどり着けないからです。


近年「デザインシンキング」などの手法が広まってきていることもあり、「顧客視点が重要だ」という認識は日本企業の中にも広まってきています。しかし、私が新規事業開発部を相手に講演をするとき、「必要となる回転数はどのくらいだと思うか」と質問をすると、返ってくる答えは「3回くらい」もしくは多くても「10回くらい」。そんな感覚の人たちがほとんどです。必要な回転数のケタが間違っているのです。

コラム5-1

300回のヒアリングの末、初期のWILLと離れてしまったら

仮説と顧客のサイクルを300回転させると、導かれた新規事業案はほとんどの場合「最初の仮説からは、原型を留めないほどに変化した案」になっています。「アイディアも、対象顧客も、もしかしたら取り組み領域すら変化して、最初の案は見る影もなく消え、でもたしかに新規事業案はできあがった」というのがENTRY期～MVP期の正しい進め方です。だからこそ、最初の仮説の段階で市場性や実現性や筋のよしあしを語ってもしかたがなく、とにかく「ただ単に顧客のところに行く」ことが大切なのです。

このコラムでは、その「見る影もなく形が変わる」という進め方のイメージをより具体的に持ってもらうために、1つの仮想プロジェクトのストーリーをなぞってみたいと思い

ます。代表的な新規事業案にたどり着くプロセスは、こんな形で進行していきます。

最初の仮説：うちの地元には本格的なうどん屋がないから、駅前に手打ちうどんの店を出したらどうか。

顧客の声（地元の人たち）：隣の駅においしいうどん屋があり、地元に似たようなうどん屋ができても食べに行かないという人が多かった。一方で、読書や勉強に適切なカフェがあるとよいという声があった。

修正仮説：地元にカフェを出したらどうか。

顧客の声（地元の人たち）：カフェかどうかというより、長時間、気兼ねなく滞在できるスペースがほしい。会社や学校の帰りに集中できる空間が地元にあったらうれしい。

修正仮説：コワーキングスペースはどうか。

顧客の声（地元の人たち）：コワーキングスペースがあったら使うかもしれないが、わざわざ駅から自宅と別の方には向かわない。駅から徒歩1分以内だったら使うかもしれない。しかし、駅前にはちょうどよい空き物件はないから難しいのではないか。

修正仮説：空き物件ではなく、駅から1分以内のエリアにある飲食店や学習塾などの有休時間をコワーキングスペースにするシェアリング事業はどうか。

顧客の声（**地元の人たち**）**：**設備や空間、居心地がよければ、料金次第では使うかもしれない。

顧客の声（**空き時間のある飲食店**）**：**空き時間には仕込みや事務作業でスペースを使うので、それをコワーキング用に貸し出すのは難しい。一方で、煩雑な事務作業のために夕方の時間帯に店を開けることはできていないが、本当はその時間もカフェタイムとしてオープンしたい気持ちはある。

修正仮説：飲食店の事務作業を軽減するためのツールを提供したらよいのではないか。

顧客の声（**飲食店**）**：**煩雑な事務作業の中でも、めんどくさいのがＦＡＸでないと注文のやりとりができない一部の食材の仕入れ業務。間違いも多いし、手書きでのやりとりをデータ化するのが手間である。

修正仮説：ＦＡＸでしかやりとりできない食材と飲食店の間をつなぐ受発注プラットフォームを作ったらいいのではないか。

少し足早でしたが、いかがでしょうか。この事例では、はじめは「うどん屋を出す」という飲食店自体を出店する案が、最終的には「食材と飲食店をつなぐ受発注プラットフォームを作る」というビジネスモデルに変化しています。対象とする顧客も変化し、最初は「地元の人たち」を顧客としていたビジネス案が、最後には「飲食店の経営者」に変化しています。「うどん屋案」の面影は、飲食店を対象としているところにおぼろげながら残っているものの、ほぼ完全に別の案に変化したと言ってもいいでしょう。しかし、最初の案よりも最後の案の方が新規事業案として煮詰まっていることはイメージしてもらえると思います。

ちなみに、コラム上ではここでストップしていますが、ここからさらに仮説と顧客のサイクルを回し続けると、さらに仮説は変化し続け、洗練されたプランへと昇華していきます。

ただ、その変化の激しさゆえ、第2章で解説した「WILL」との関連性が非常に難しい問題となるケースも中にはあります。コラム5－1の最後では、「受発注プラットフォーム」というビジネスモデルに変化していますが、そのリーダーのWILLが、そもそも「手打ちうどんの店」もしくは「うどんじゃなくても飲食店をやりたい」というWILL

だった場合は、やりたいこととずれることにもなりかねません。

しかし、第2章を思い出しましょう。「誰の」「どんな課題を」「なぜあなたが」解決するのか、という3つの質問に対する回答がWILLの定義でした。そう、WILLとは、顧客と顧客課題に対する使命感や当事者意識であって、その「手段」に対する想いではないのです。

うどん屋をやりたい、飲食店をやりたいというのは、顧客でも顧客課題でもなく、「手段」に対する想いです。人の熱意の持ち方によしあしはないので、手段に強い思い入れがあってもよいのですが、新規事業開発のプロセスでは、想いのために手段が固定されてしまうと、立ち上げられる確率は下がります。**手段ではなく、顧客と顧客課題に対して強いWILLを形成できれば、WILLの範囲内で大きな仮説変更を繰り返していける**と私は考えています。

高速プロトタイピングを実現するための「MVPの6レベル」

ENTRY期〜MVP期にすべきことは「仮説と顧客の回転」であり、制約時間を鑑《かんが》みると1日2回転が行動原則である、とお伝えしてきました。次に解説するのが、高速回転を実現するためのプロトタイピングです。

プロトタイピングとは、「試作品」を意味するプロトタイプ（Prototype）の現在進行形。「仮説検証のために試作品を作ること」を意味する新規事業開発用語です。

じつは、検証がもっとも強くできるプロトタイピングは「完成品にほぼ近いサービス」を「実際に作って提供してみる」ことです。実際に作って売ってみれば、何が顧客に刺さり、何が刺さっていないかは一目瞭然となります。

しかし、完成品にほぼ近いサービスは、作るだけで膨大な時間がかかり、とてもではないですが「1日2回転」のスピードについていけません。そこで必要となるのがMVPという考え方です。

MVPとは、第4章で解説したMinimum Viable Product、つまり「検証可能な最小限の製品」のことです。完成品にほぼ近いサービスは作っている時間がないため、仮説検証に必要な最小限のものに限定して作り、顧客にぶつけて検証します。

では、ここでいう「最小限のもの」とは具体的にはどんなものなのでしょうか。それを体系化したものが、「MVPの6レベル」です（図5－5）。仮説が緩い最初の段階ほど、高速かつラフなプロトタイプを作り、仮説が検証されていくに従って徐々に作り込んでいきます。

■Level.1「Paper」（ペーパー）

MVPの形式において、最小限の形は「Paper」です。ビジネス仮説を「コンセプトを表した30文字の日本語」にして、想定顧客にぶつけてみましょう。アポイントをとる必要すらありません。言葉に落としこまれていれば、紙にする必要すらありません。メールやチャット、メッセンジャーツールで投げかけ、意見を聞くだけで立派な仮説検証になりま

図５－５：ＭＶＰの６レベル

Level 1	Paper《ペーパー》 (30秒)	コンセプトを表した30文字の言葉。画面を手書きで紙に書いたもの、ただの企画書など。想定カスタマーに見せるだけで検証できる
Level 2	Analog《アナログ》 (3時間)	想定顧客を人力で集めて、課題に対してすべて手作りで応えてみれば、最小限のサービスが成立する（プロダクトは作らない。何も使わない）
Level 3	Combination《コンビネーション》 (12時間)	Facebook、LINE、Twitter、ブログなど、既存の便利なサービスを組み合わせて使えば立派なサービスになる
Level 4	Only《オンリー》 Visual《ビジュアル》 (1日)	はじめて、オリジナルのビジュアルを作ってみる。Webならトップだけ。デバイスなら外側の見た目だけ、など。動かなくていい。それを見せるだけで検証できる
Level 5	Prototype《プロトタイプ》 (3日)	4まで検証できたら、はじめて動的なサービス検証に進んでよい。その場合も、まずは市販品（ウェブならWord Pressなど）を使って最低限のものを作ることを考える
Level 6	Minimum《ミニマル》 Viable《バイアブル》 Product《プロダクト》 (数日)	5まで検証できたら、はじめて必要となる機能セットを揃える開発を始めてよい。それでもできる限り「作らなくて済む」方法を考える

す。

もう少し形を作り込む場合も、いきなりサービスを作る必要はありません。紙に手書きで書いて（描いて）みる。パワーポイントで作るいわゆる「企画書」も立派な「Paper」にあたります。とにかくLevel.1では高速で作れる形にこだわるべきです。

■Level.2「Analog」（アナログ）

Analogは文字通り、「手作業」で課題解決をしてみる段階です。ここで重要なのは、プロトタイピングと言いつつも、「何も作らない」ということです。

たとえばコラム5－1で最後にたどり着いた「FAXでしかやりとりできない食材と飲食店をつなぐ受発注プラットフォーム」の仮説検証をするとします。プラットフォームビジネスなので、何かの機能を作って提供してみたくなるところですが、Level.2の段階であれば、何も作らず「人力での課題解決」を模索します。

つまり、その飲食店からFAXでしか注文できない食材の受発注を請け負い、間の作業をすべて人力でこなして、あたかも機械やサービスが提供したかのようにして飲食店経営者に提供してみるのです。これによって、実際にそのサービスが提供されたときに「本当に価値があるのか」を擬似的に検証することができます。

Level.3「Combination」（コンビネーション）

Level.3のCombinationでは、その名のとおり、ありものを組み合わせてプロトタイピングをします。この段階でもまだ自分では何も作りません。

ありもの、というのは、現存する他社製品のことです。インターネット関連ビジネスであれば、Facebook、LINE、Twitter、Googleに代表されるプレイヤーが提供する便利なサービスがたくさんあるため、それらを組み合わせるだけで立派なサービスになるでしょう。

たとえば先ほどの受発注プラットフォームであれば、注文をLINEで受けて、それをオンラインからFAXを送るシステムに手動で連携し、食材提供会社とはメールや電話でやりとりした音声記録をクラウドソーシングで文字起こし&データ化するなど、自分では1つもシステムを作らずとも、擬似的な価値は十分に提供できます。

Level.4「Only Visual」（オンリービジュアル）

Only Visual（見た目だけ）の言葉どおり、「Level.3で構築した「ありものの組み合わせ」に、「表面上のデザイン」をオリジナルなものにして提供してみるのがLevel.4です。この段階では、サービス名やロゴデザイン、チラシなどはゼロからデザインされたものを作って提供してみてもよいでしょう。

前述の受発注プラットフォームであれば、Level.3で実現した組み合わせ状態のものにサービス名をつけて、あたかも完成品ができているかのようなチラシをデザインし、それを持って営業してみるということです。

検証先の顧客からは、かなり最終製品に近いイメージで捉えてもらえるものの、実際に裏側にはまだ何もなく、人力だったり、ありものの組み合わせだったりする段階です。

■Ｌｅｖｅｌ．５「Ｐｒｏｔｏｔｙｐｅ」（プロトタイプ）

Level.5にはじめてPrototypeという名前をつけました。この段階で、いわゆる一般的にイメージする「試作品」に近いものを作ります。Level.5に至ってようやく「ちょっとだけ、作ってよい」段階になるのです。ただ、この段階でも、できる限り作らなくて済む方法を模索する必要があります。

ウェブ系のサービスであればWordPressやペライチ、wixなどの作成サービスを活用することも一手です。ここでもいかに簡単に速くできるかにこだわって作ります。

受発注プラットフォームの例でいえば、Level.4に加えて、実際に注文を受け付けるシステムをLINEやFacebookではなく、自社サイトとして構築するということになりますが、ゼロからシステムを作らずにWordPressなどを使います。

■Ｌｅｖｅｌ．６「Ｍｉｎｉｍｕｍ Ｖｉａｂｌｅ Ｐｒｏｄｕｃｔ」

（ミニマムバイアブルプロダクト）

Level.6でついにMVPという名前をつけました。この段階に来てようやく、検証に必要となる機能を一通り作って試してみることが許されます。ただ、この段階でもサービスのすべてを作り込むのではなく、「検証すべき項目を検証するため」に限定した機能セットを作って提供し、それ以外の部分は「人力」や「組み合わせ」を残してください。

受発注プラットフォームの例でいえば、この段階ではじめて、核となる機能である「受けた注文を自動でFAX送信システムに接続する」というシステム開発を行います。**すべての機能だけではなく、核となる重要な機能のみを作り**、価値が提供できるかを検証します。

ここまで見てきた通り、一口にMVPと言っても、ラフだけど速いものから、検証力があるけれど制作に時間がかかるものまで存在します。これを300回転させる中で、ラフなものから重たいものへ徐々に切り替えながら進めていく必要があります。

日本企業の新規事業開発を担当している人たちのほとんどは、この「回転速度」があまりにも遅い。1つひとつの検証にあまりにも時間をかけすぎています。**いかに作らず、いかに高速に検証するかこそが、新規事業開発の要締なのです。**

繰り返し挙げている「1日2回転」という数は「ENTRY期〜MVP期」の全体を通した「平均値」です。「MVPの6レベル」を見れば予測がつくかと思うのですが、300回転は後半になればなるほど回転速度が落ちていきます。最初の頃はすぐに顧客のところに行くことができますが、Level.4〜6のMVPを使っての検証も求められる300回転の後半戦では、1回転のために数日かかることもあります。

このため、じつは「1日2回転」の平均値を実現するためには、**プロジェクト開始直後は4〜10回転はしないと間に合わない**のです。

しかし、1人で1日に2回転以上を継続するのは現実的ではありません。そのため、プロジェクトメンバー総出で手分けをし、顧客に「当たりまくる」ことが必要です。Level.1〜2のMVPを使い、チーム全体で1日4〜10回転に及ぶ行動量をもって立ち上がった新規事業開発チームは、その後MVPのレベルを高めながら回転速度が落ちていっても、期間内に300回転にたどり着き、これだ！ という新規事業案へと導かれるでしょう。

「顧客のところに行く」というスキル

「300回顧客のところに行け」というと、「同じ人のところに300回も行くのですか」という質問をよく受けます。しかし、たとえばコラム5－1の例を参照いただくとわかるとおり、ぶつける先の顧客も変化するのが通常です。仮説も修正すれば、顧客の当たり先も修正する。そのダイナミックなプロセスの中で、「その案を待ってました」という「仮説と顧客のセット」に巡り合う。それこそがENTRY期～MVP期です。

そこで重要になってくるのが**「顧客のところに行くスキル」**です。具体的には、次の3つが大変重要になってきます。

- **次に行くべき顧客対象を見つけるスキル**
- **アポイントを獲得するスキル**
- **ヒアリングによって深い情報を引き出すスキル**

ここでは、この3つのスキルについて解説をしていきます。

顧客のところに行くスキル❶
次に会うべき顧客を見つける

たとえば、コラム5－1では、「飲食店に入る地元の人たち」へのヒアリングを重ねるうちに「飲食店経営者」へと対象顧客が変化していきました。このように、より課題を持っていそうな対象顧客を見つけていくことを目指しましょう。

その際のポイントが、1人の顧客と対話する際、「この人以外に本当に根深い課題を持つ人がいるとしたら誰なのか」と常に次のヒアリング先を意識しておくことです。目の前の人の課題について深くヒアリングを行うと同時に、その課題が発生している構造や、関係者が誰なのかもあわせて聞き出すことで、「次はこの人の話を聞いてみよう」と思える相手が見えてくることが多いです。

また、次の当たり先を思いつく手法としては「関係者の星座を描く」のも有効です。「関係者の星座」とは、紙の真ん中に中心となる顧客候補を配置し、その周辺にいる関係者を線で結んで、星座を描くように広げていく手法です（図5－6）。

たとえば、「介護業界の課題を解決したい」という新規事業チームであれば、まずは

図５－６：関係者の星座

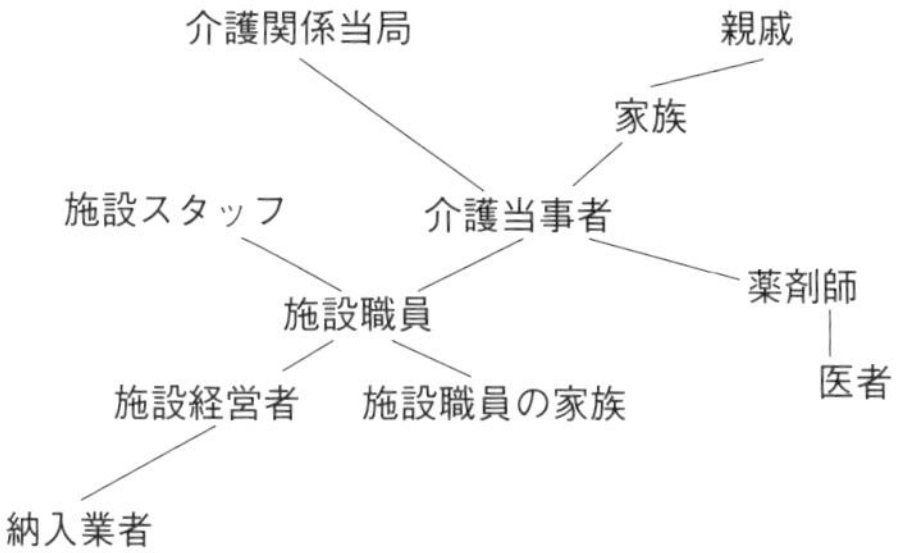

「介護当事者」を真ん中に書きます。施設に入っていて要介護認定をされているシニアの方ということですね。

次に「介護」という切り口で、その周りにいる関係者を描いていきます。介護当事者には家族がいて、その先には親戚がいます。家族も「娘・息子」もあれば、ケースによっては「親」という場合に分けられることもあるでしょう。

入居している介護施設には、直接世話をしてくれる施設職員がいて、その先には施設経営者がいます。施設職員にも家族がいて、もしかしたら施設職員のストレスが施設職員の家族に影響している、というようなこともあるかもしれません。

このように、「関係者の星座」を広げ、眺めながら、ヒアリング対象者1人ひとりの話を振り返る中で、次に行くべき相手はこのあたりかな、とあたりをつけてアポイントを取っていきます。

顧客のところに行くスキル❷ アポイントを獲得する

「この人だ」と思った対象顧客には、なんとしてもつながり、アポイントを取って話をさせてもらう必要があります。その際に必要となるのが「アポイント獲得スキル」です。これは、「あらゆる手段で」という以上の何ものでもないのですが、以下に代表的な手法を表記しておきます。これらを縦横無尽に組み合わせ、なんとしてでもその人にたどり着くことができるかが、「仮説と顧客の300回転」の成否を分けます。

- **面識がなくても直接話しかける**（SNSの活用、法人であればコーポレートサイトからの問い合わせ）
- **紹介してもらう**（家族、友人、同僚、上司、部下、以前にヒアリングした顧客）
- **紹介してくれそうな人を紹介してもらう**
- **顧問サービスや紹介サービスの活用**（Expert Research、ビザスク、サーキュレーション、

i-common、essence、Spready等)

顧客のところに行くスキル❸
ヒアリングによって深い情報を引き出す

「この人だ」と思う対象顧客を見つけ、ようやくアポイントまでこぎつけたとします。しかし、当日のヒアリングのやり方がまずければ、得るべき情報がまったく得られないという悲しい事態が生じてしまいます。

そこで重要なのが深い情報を引き出すヒアリングスキルなのですが、これは一言で言えば**「仮説を押し付けないスキル」**です。

新規事業の創業メンバーは、自らの仮説に強いこだわりや思いがあるから、ヒアリングすべき対象顧客と向き合った際、**つい相手を説得してしまいがち**です。自分がよいと思っている案だから、どうしてもそれをわかってほしい、よい反応がほしい。そういう気持ちから、全力でその仮説をプレゼンテーションしてしまうのです。

その結果、全力で説得された対象顧客は、本当は「ちょっと違うな」と思っていたとしても、ポジティブな反応を示してしまうことがあります。対象顧客だって人間です。自分たちの課題を全力で解決しようとしてくれている目の前のチームに対して好意もあるから、なるべく傷つけないようにしたい。こうしたバイアスが、本当に知るべき情報を歪《ゆが》めてしまいます。

ＥＮＴＲＹ期〜ＭＶＰ期における顧客検証では、**どれだけ仮説に強い想いやこだわりがあったとしても、グッとこらえて説明しないこと**。そっと目の前にＭＶＰを置いて、反応をじっと見る。そして、できる限り、**意志や気持ちではなく動かせない事実のみをヒアリングする**ようにします。

たとえば、「このサービス、いくらだったら買いたいですか？」は意志を聞いているのでバイアスがかかりやすく避けた方がよい質問です。

一方、「(似たような用途のサービス名)には、毎月いくら支払っていますか？」は、事実を聞いているのでバイアスがかかりにくくＯＫ、という具合です。

意味のある市場規模のシミュレーションをする

ここまで、ＥＮＴＲＹ期〜ＭＶＰ期に「仮説と顧客のサイクルを回す」ことの重要性について、具体的な手法もあわせて解説してきました。この章の最後では少し話のジャンルを変えて、市場規模のシミュレーションについてお伝えしていきます。

というのも、第4章で見てきたとおり、ＥＮＴＲＹ期〜ＭＶＰ期からＳＥＥＤ期に昇格するためには、「儲かるシミュレーションができているか」が基準になるからです。

日本企業の新規事業のプレゼンテーションには「市場規模」について、こんな記述が散見されます。

「２０１４年度における介護サービス市場の規模は8・6兆円。それが、２０２５年を迎える頃には18・7兆円と、倍以上の額にまで到達する成長市場である」

おそらく、自分たちが立ち上げたい新規事業案について大きく見せたい、マクロのトレンドをつかんでいる追い風市場であることを伝えたいのだと思いますが、ＳＥＥＤ期以**前の段階においては、こういった市場全体の数字や記述はほとんど意味を持ちません。**

前述の介護市場についての記述では、8兆円、18兆円という目もくらむ大きな市場規模が登場しますが、その後、実際にやりたいと提案する新規事業案が「介護施設向けに非常勤スタッフの転職を斡旋する人材紹介事業」だったとすると、真に提示すべき市場規模は「介護サービスの市場規模」ではなく、「転職市場における介護業界の市場規模」であり、もっというと、「介護施設向けに非常勤スタッフの転職を斡旋《あっせん》する人材紹介事業」の市場規模ということになります。

ＭＶＰ期に必要な市場規模は、**そのビジネスを最大限成長させたときの成長シミュレーションなのです。**

そこで、読者のみなさんにぜひ知っていただきたいのが、**「理論上到達可能な最高売上」**という概念です（図5－7）。

「いち顧客あたりの平均売上／年」とは、仮説と顧客の回転の中でたどり着いた新規事業

図５－７：理論上到達可能な最高売上

理論上到達可能な最高売上

＝　いち顧客あたりの平均売上/年

×　理論上到達可能な最大顧客数

案に含まれる、「製品の販売単価」です。月額課金などのサービス制の場合は、１年間で顧客が支払ってくれると予測される平均的な金額です。

「理論上到達可能な最大顧客数」とは、その製品を購入しうる状況にいる顧客数の最大値です。たとえば先に述べた「介護施設向けに非常勤スタッフの転職を斡旋する人材紹介事業」の場合は、日本の介護施設の数が上限になります。

この２つの掛け算から導かれる「理論上到達可能な最高売上」こそが本当の意味での「市場規模」であり、真に語られるべき数値は、その伸びがどうなっていくかなのです。

新規事業の市場規模とは、マクロな調査レポートから引用してくるものではなく、現場でのヒアリングをもとに自らビジネスモデルを作り上げる過程で生まれる「シミュレーション」であるということを認識していただければと思います。

ここまで、「ENTRY期〜MVP期に重要となるポイントについて解説をしてきました。一にも二にも、「仮説と顧客のサイクル」を300回転させること。そして、それを制約時間内に300回転させるために、「確認・事例・調査・会議・資料・社内・上司・先輩・競合」の9単語を1つも登場させることなく顧客のところに行くこと。

そうして手にした現場の情報から、「いち顧客あたりの平均売上」と「理論上到達可能な最大顧客数」によって本当の意味での市場規模が算出されます。そのシミュレーション結果が魅力的な規模であれば、きっと経営会議で投資の承認が得られるプランになっていることでしょう。

第　6　章

新規事業の立ち上げ方

（SEED期）

順調なスタートにこそ注意せよ

この章では、SEED期の新規事業プロジェクトが踏まえておくべきポイントを解説していきます。第4章で解説したとおり、SEED期は「実際に商売を成立させ、グロースドライバーの発見を目指すステージ」です。MVP期までとは一線を画し、実際にサービスを組み立て、実際に販売し、顧客に価値を届けていきます。

あくまで検討フェーズであったMVP期までとは打って変わって、社会にその存在を明らかにすることが許されるため、創業チームとしては「ついに事業化できる」「一気に世の中に広めたい」と前向きな気持ちになります。また、小さくとも正式な事業計画を携えてプロジェクトが始まるため、「初年度で成果を出せなかったらすぐに撤退させられてしまう」という恐怖感を背負うことから、成果を急ぐ気持ちも生まれてきます。

この段階の新規事業プロジェクトが陥る典型的なケースについて見てみましょう。

ケース6-1

新規事業開発プログラムの一次選考を通過した後、飲食店経営者の仕入れの問題により深く切り込み、何度も何度も仮説と顧客の回転を繰り返す中で、こんな事業プランができあがった。

「近隣の店舗で廃棄される食材（フードロス食材）を、リアルタイムに買い付けることができる、CtoCの食材仕入れプラットフォーム事業」

食材を提供する側である八百屋や肉屋、小売店舗側にとっては、廃棄コストが下がるという経済的メリットだけでなく、「廃棄することへの罪悪感を軽減できる」心理的ストレス解消に大きな価値があるというインサイトを得た。飲食店にとっては、安く食材が仕入れられるという経済的メリットに加えて、フードロス食材を活用したメニュー開発を行うことによるPR効果が付加価値になることがわかった。また、近隣の店舗経営者同士をつなぐことによるコミュニティ化によって、食材のやりとりだけにとどまらない事業展開の可能性も生まれてくる。

実証実験でつかんだ声とデータをもとに組み立てた事業計画は、自分たちでも納得がいく、かなり精緻なものだったと思う。

昨年度末に開催された「事業化審査会」においては、経営陣からの高い評価を得て事業化が決定し、提案した事業計画どおりの初年度投資決裁が下り、期初の4月から正式に社長室直下に「フードロス食材受発注プラットフォーム事業プロジェクト」というチームが組織・人事発令され、事業の立ち上げが始まった。

メインで動くプロジェクトメンバーはリーダーである自分を含めて3人。提案していたチームメンバーがそのまま100％異動し、4月から専任で動き始めた。

まずしたことは、実証実験でつかんだデータをもとに、具体的なサービスの仕様を固めること。そして、システム開発を進めること。パートナーとして選定したシステム開発会社が途中で体制を変え、期日どおりに開発できなくなるというトラブルに見舞われながらも、プロジェクトメンバー全員が夜通しシステム開発会社に通い詰め、1つひとつ課題を乗り越えてきた。なんとか世の中に出せるレベルのサービスが完成し、プレスリリースを打ったのは10月2週目。新規事業開発プログラムにエントリーしてからは約1年半の月日が流れていた。

ようやく、ようやく世の中に出せた。事業化を果たし、新規事業リーダーとして目に見えた形を作れた。そう、感傷に浸ることができた瞬間だった。

プレスリリースを打った週は、お祭り騒ぎだった。会社としても肝入りの新規事業だということで、本社広報が力を入れ、多くのメディアを呼んで記者会見を行った。いくつもの新聞やビジネス誌が取り上げてくれて、一気に知名度が高まった。家族や、社外の友人たちもそれらのニュースを見て、「すごいね」「おめでとう」と声をかけてくれ、誇らしい気持ちになった。

事業化を記念して、これまでに携わってくれた人たちを招き開催したパーティでは、なんだかとても感慨深く、壇上で挨拶しながら思わず涙を流してしまった。いよいよ始まった事業を、これから大きくしていかなければいけない。この事業で世界を変えていくんだとあらためて強く決意した、忘れられない1週間になった。

しかし、それからすぐに「新規事業とはそんなに簡単なものではない」と痛感することになる。

多くのメディアが取り上げてくれたにもかかわらず、実際に契約まで進む店舗はまったく増えなかった。予算を投下して、広告宣伝やマーケティング活動を展開した。クリエイティブエージェンシーに入ってもらい、キャッチコピーやコンセプトの策定も行った。社会的メッセージがしっかりと届く、素晴らしい宣伝素材が完成した。おかげで、今日まで様々なメディアから取材依頼が相次いでいるし、業界内の知名度もかなり上がってきた。フードロスという社会課題を取り扱っているため、世の中からの評価は高い。

しかし、である。自分たちが顧客として開拓すべき飲食店からの反響は、多くなかった。

プレスリリースからしばらく時間が経過しメディア対応も落ち着いてきた頃、メンバーで手分けをして営業に回ってみることにした。実際に回ってみて気づいたことは、飲食店経営者は忙しく、アポイントを獲得するだけでも困難だということ。顧客を広げることは、そう簡単じゃないと痛感した。

少ないながらもアポイントが取れたとき、大半の経営者から強い興味を持ってもらえた。やはり、ニーズはある。でも、いざ契約となると二の足を踏まれてしまうことがほとんどだった。

リリースしてから早3ヶ月が経過した年末。ここまで契約できた飲食店はたったの2店舗。事業計画で掲げた水準にはまったく届いておらず、このままでは最悪の場合、撤退となってしまう。漠然とした不安と危機感に襲われ、1週間の正月休みが例年の何倍にも長く感じた。深く眠れない日々が続いた。

年が明け、飲食店経営者に再度訪問し、導入に向けてネックとなっている部分を聞いて回ったところ、サービスの改善点がいくつも見つかった。現状のシステムでは、経営者は導入したくとも、現場の店長や仕入れ担当が扱いやすいシステムにはなっていなかった。

飲食店経営者へのインタビューをいくつもこなすうち、「スマートフォンアプリやタブレットで隙間《すきま》時間に発注ができること」や、「本部の会計システムとの連携ができること」など、いくつもの改修要件が明らかになっていった。そのたびにシステム開発会社に要件を伝え、改修のためのシステム投資がふくらんでいった。

期末の経営会議報告まで、タイムリミットが迫っている。とにかく顧客数と売上を積み重ね、1年前に掲げた事業計画に近い水準を達成できなければ、撤退となってしまうかもしれない。予算をやりくりして、営業リソースを増やし、すぐに成果が出ると提案を受けたオンライン広告を予算いっぱいまで出稿して全力でマーケティングを実行した。

マーケティングの成果も大きかったが、背に腹は替えられずに販売価格を調整して値下げを行ったことで、なんとか契約に至る顧客を増やすことができた。「リリース直後の特別キャンペーン」という期間限定の形で、「初月無料。2ヶ月目以降も、いま契約してもらえれば3年間は基本料金を30％下げる」という営業トークが機能し、年末に2店舗だった契約顧客数は25店舗まで拡大した。当初掲げた計画には届かなかったが、なんとか最低限の形は作れたかもしれない。

しかし、じつはこの段階で、事業の成否を揺るがす大きな根本的課題に直面し始めていた。導入した25店舗のうち、導入後に実際にサービスを使って食材の受発注を継続的に行ってくれている店舗は、たった4店舗だったのだ。このままではほとんどの導入店舗は来期に契約を解除してしまうかもしれない。そう考えると眠れなくなったが、その問題にはあえて向き合わないようにするしかなかった。

とにかく今期末の経営会議では「たしかに事業として立ち上がった」という事実を報告すべきだ。導入後の利用率向上については、経営会議で来期の事業継続判断を勝ち取ったうえで、来期の取り組みテーマとして掲げればよい。そう考えて進めるしかなかった。

この1ヶ月は、来週に迫った経営会議向けの資料作成に追われている。今夜も夜通し資料づくりをしないといけない。あと1週間、眠れない日々が続く。

SEED期に陥りがちな罠で、もっとも創業チームが気をつけるべきは、「サービスを世の中に出しただけの段階で、成果を上げたと勘違いしてしまうこと」です。

たしかに、SEED期までたどり着いたのは、素晴らしいことではあるのです。何もないゼロの段階から、顧客を発見し、サービスを組み立て、会社の事業化判断を勝ち取り、世の中にお目見えするところまで持っていく。それは、新規事業を志した誰もがたどり着けるステージではありません。ここまで乗り越えてきた壁や苦労も、たくさんあったことでしょう。だから、リリースの瞬間は誰しもが感慨深く、感動してしまうし、一息つきたくもなる。

しかし、いかに深い仮説検証を経て、いかに精度の高い事業計画を作って、いかに完成度の高いサービスをリリースできたとしても、ホッとしていいのは「あと少し先」なのです。

SEED期は、「実際に商売を成立させ、グロースドライバーの発見を目指すステージ」。事業プランを実際に商売として成立させることができなければ、ケース6−1のように厳しい経営会議が待ち構えており、最悪のシナリオとしては「すぐに撤退」という判断だってありえます。

第6章では、この陥りがちな罠を回避するために、SEED期で気をつけるべきポイントについて解説をしていきます。

リリース直後にマーケティングは「してはいけない」

ケース6－1では、リリース直後から広報とマーケティングに力を入れています。本社広報が優秀だったのでしょう。多くのメディアが継続的に取り上げてくれ、知名度も上がった。しかし顧客獲得にはつながらず、その焦りからさらにマーケティング投資を行い、なんとか顧客数が増えたものの、暗い気持ちで経営会議を迎えることになりそうです。

この進め方のどこに問題があるのでしょうか。

この問題点について解説する前に、そもそも、新規事業における「マーケティング」とはどういう活動なのかを解説したいと思います。

まずは図6－1の方程式を見てください。

CAC(Customer Acquisition Cost) は「いち顧客を獲得するのに要した営業およびマーケ

図6－1：CACとLTV

CAC	＜	LTV
Customer《カスタマー》 Acquisition《アクイジション》 Cost《コスト》 いち顧客あたり獲得単価		Life《ライフ》 Time《タイム》 Value《バリュー》 いち顧客あたり生涯利益

CAC＝ セールス・マーケティング費用 ／ 獲得できる新規顧客数

LTV＝ 平均月間顧客粗利 × 平均継続月数
（ひと月あたり平均顧客単価 － ひと月・いち顧客あたり平均原価）

ティングのトータルコスト」を意味するマーケティング用語です。日本語では「いち顧客あたり獲得単価」とも言います。セールスやマーケティング活動には、営業マンの人件費や広告宣伝費用などの予算がかかりますが、その予算を投下したことで獲得できる顧客数でそれらを割った金額がCACです。

LTV(Life Time Value)は「いち顧客が、最初の接触時点から、関係性が継続する限りの期間にもたらす利益の総額」を意味する経営用語。日本語では「いち顧客あたり生涯利益」とも言います。LTVの計算式は「平均月間顧客粗利×平均継続月数」ですが、**注意点は「平均月間顧客売上」ではなく「平均月間顧客粗利」を用いて計算**

することです。粗利とは、1人もしくは1社の顧客を獲得した際にもたらされる売上から原価を除いたもの。これに「平均継続月数」という時間軸を掛け合わせることで、いち顧客がもたらす平均的な生涯利益が算出できます。

用いる時間軸に関しては、LTVの「生涯利益」というコンセプトからは「継続する限り永遠」の時間軸を用いるべきですが、実際にはあまりに先の利益は意味がないとして「3年LTV」や「5年LTV」など時間軸に上限を設けて算出することが多いです。

新規事業のマーケティングにおいて、もっとも重要な方程式が「LTV＞CAC」です。この方程式さえ成立していれば、どれだけセールス・マーケティングに投資を行っても、それが利益に跳ね返ってくる。つまり、資金さえ投下すれば、無限に事業拡大が可能な構造と言えます。

しかしながら、SEED期の新規事業は、この方程式が成立していないことがほとんどです。多くの場合、「LTV＜CAC」になっているはずです。「LTV＜CAC」とは、営業・マーケティングにかけた予算を、顧客がもたらす利益で回収できない状態。つまり、マーケティングをすればするほど赤字が膨らむ状態ということです。

だから、**新規事業のリリース直後にマーケティングは「してはいけない」**のです。

「LTV＞CAC」が成立していない段階でマーケティング投資に踏み込む判断は、無駄な予算の食いつぶし、すなわち死を意味するのです。

リリース直後にはLTVにこそ向き合うべき

リリース直後の新規事業のほとんどが「LTV＜CAC」だったとして、それを「LTV＞CAC」にするためには、どういった活動をするとよいのでしょうか。

方程式を素直に見れば、**①CACを下げる、②LTVを高める、の2つの方向性が考えられると思いますが、リリース直後に向き合うべきは②**です。つまり、CACではなく、とにかくLTVに向き合うことが重要なのです。

LTVを高める前に、まずは測定してみましょう。顧客に販売した場合に、その顧客がどれだけの売上を、どのくらいの期間にわたってもたらしてくれるのかを把握しないことには「マーケティングにいくら使ってよいか」の判断ができません。

リリース直後の新規事業は、コンセプトや世界観はよかったとしても、完成度が低く、購入後に思ったような価値が提供されず顧客単価が上がりきらなかったり、離脱を招いたりして、LTVが望む水準に届いていないことがほとんどです。これらの「LTVを大きく低下させる致命的なポイント」に向き合うことで、サービスの完成度が高まれば、自然とLTVは向上していきます。

ケース6－1では、強引なマーケティングで獲得した25店舗の中で実際に継続利用している店舗はたったの4店舗でした。おそらくこれでは25店舗を獲得するのに使ったセールス・マーケティング費用を回収することはできないでしょう。まさに「LTV＜CAC」であり、赤字構造です。

まず「①CACを下げることに取り組む」という方針も論理的にはあり得ますが、筋が悪いと言えます。25店舗中たった4店舗しか使わないような品質のサービスのマーケティングをどれだけ工夫したところで、効率を高めるのには限界があるからです。それよりも、**サービスを磨いてLTVを高めることができれば、許容できるマーケティング予算も拡大され、結果として取りうる打ち手も増えていきます。**

コラム6-1

売り切りモデルのビジネスでLTVをどう考えるか

ここで解説している「LTV＞CAC」の考え方は、基本的には「商品を最初に購入した後、継続して顧客が利用・購入をしてくれるビジネスモデル」を想定しています。

しかし、新規事業の中には、「モノの販売」など、その商品を一回購入すれば終わりの「売り切り型」のビジネスモデルもあります。たとえば、冷蔵庫や自動車などの販売です。

その場合は、LTVを高めることに対してできることの幅が小さく、「一回購入してさえもらえればそれで利益が出る、かつ利益額が確定する」という売値と原価構造になっていると思われるので、リリース直後からCACを下げることに取り組むほうが合理的な場合もあります。

しかし、たとえ「モノの販売」であっても、たとえば健康食品などであれば「継続的に購入してもらう工夫」をこらしリピートの頻度が高まればLTVが上がるし、プリンター販売のビジネスであれば「じつはプリンター自体の販売利益よりも、その後に紐づくインクの販売利益の方が大きい」などの事例もあります。多くの事業は、多かれ少なかれ継続的に顧客と関係性を持つことで利益が積み重なっていく要素を持つため、まずＣＡＣよりもＬＴＶに向き合うことが正しいケースが多いと考えています。

リリース直後にやるべき「3P」

マーケティングの世界では「4P」というフレームワークがあります。4Pとはそれぞれ Product（プロダクト＝製品）、Price（プライス＝販売価格）、Place（プレイス＝流通チャネル）、Promotion（プロモーション＝宣伝）を指します。

いわゆる「マーケティングプラン」というと、PlaceとPromotionのプランを意味し、ここに力を入れる担当者が多いと思います。既存事業ではProductとPriceは変更することが困難なケースが多いからでしょう。

ケース6－1でも、リリース直後から「広報」に力を入れ、営業に回ったり、クリエイティブエージェンシーに依頼してコンセプトやキャッチコピーを作り上げたりする活動に力を入れていました。これらはまさにPlaceとPromotionに関するものです。

しかし、先に述べたとおり、リリース直後の「LTV＜CAC」の状態でマーケティングは「してはいけない」。向き合うべきはLTVです。そして、LTVと向き合い、LTVを高めるために考慮すべきことは、4Pではなく、次のページに示した「3P」です（図6－2）。

Product（製品）・Price（販売価格）・Primary Customer Success（プライマリー・カスタマー・サクセス＝一番最初の顧客の成功）。3つの頭文字をとって「3P」と名付けました。マーケティングの4Pの中で、初期に取り組む必要性が低いPlaceとPromotionは外し、代わりにPrimary Customer Successという新しい要素を加えています。

まず新規事業リーダーが認識すべきは、リリース直後の新規事業は、既存事業の製品と違い、「Product（製品）とPrice（販売価格）を柔軟に変更しうる」ということです。

ケース6－1でも、飲食店経営者へのインタビューを重ねる中で出てきたニーズを汲み取って、追加でシステムの開発を行っています。Priceについても、やや強引で無計画な打ち手にも思えますが、柔軟な値下げを行い、顧客を獲得しています。

そして、リリース直後の新規事業がもっとも向き合うべきPが**Primary Customer Success（1番最初の顧客の成功）**です。

図６－２：4Pから3Pへ

一般的なマーケティングの4P

Product

Price

× Place

× Promotion

いわゆる狭義の
マーケティングプラン

↓

リリース直後にやるべき3P

Product

Price

○ Primary
Customer
Success

最初の顧客の発見

ProductとPriceを修正しまくり、とにかく「一番最初の顧客」に対して「買ってよかった」という体験を作りあげること。それによって継続率やリピート率、購入頻度を高め、より高い販売価格でも買ってもらえる体験を作り出すことが決定的に重要です。

結論です。ケース6－1では、リリース直後から広報とマーケティングに力を入れ、顧客数を拡大することに力を入れていますが、それが大きな間違いでした。まずリーダーがすべきだったのは、一番最初の顧客に対して深く入り込み、継続的にフードロス食材を仕入れてくれるだけのサービスにまで製品と販売価格を磨き上げることでした。「年末までに契約できた店舗はたった2店舗」のうち最初の1店舗は、きっと、何の実績もないそのチームや事業を信じて契約をしてくれた、その新規事業において最大の応援団となりうる存在だったことでしょう。

リリース直後に向き合うべきは、まずその「最初の顧客」の成功なのです。そこで顧客体験を高め切るとLTVが高まり、そのLTV値の測定結果から、使ってよいマーケティング費用が計算され、その中で成立するマーケティングプランを練る、という順番で事業を立ち上げていくことが正解と言えます。

ちなみに、Primary Customerは、その後に続く顧客群と比較してLTVが高く出る傾向があります。Primary Customer向けにサービスを作り込んでLTVを高めていくため、他の顧客と比較したとき、提供価値がフィットされすぎるという現象が起きるからです。

高まったLTVを前提に許容できるCACを設定し、マーケティングプランを考えていくことになりますが、CACの閾値を設定するために参考とするLTVはPrimary Customerのものではなく、その後の顧客群の数値を活用するのがよいでしょう。

Primary Customer（最初の顧客）とは誰なのか

では次に、はたしてその「Primary Customer」とはいったい誰なのかについてより深く解説していきます。

新製品が世の中に広まっていくプロセスを解説する理論に「イノベーター理論」があります（図6－4）。

イノベーター理論が教えてくれるのは、「新しい商品が受け入れられるためには、適切な順番で顧客にリーチする必要がある」ということです。潜在的に顧客となりうる人や会社の中で約2・5％が「イノベーター」と言われる、常にその分野で新しい情報を採用する先進的な顧客です。イノベーター顧客の間でその商品が広まっていくと、それを見て購入に動くのが「アーリーアダプター」。約13・5％の顧客がこれにあたり、その後の「アーリーマジョリティ」に広まると、潜在顧客の50％にまで広がります。そこまで広がったこ

図6-4：イノベーター理論とPrimary Customer

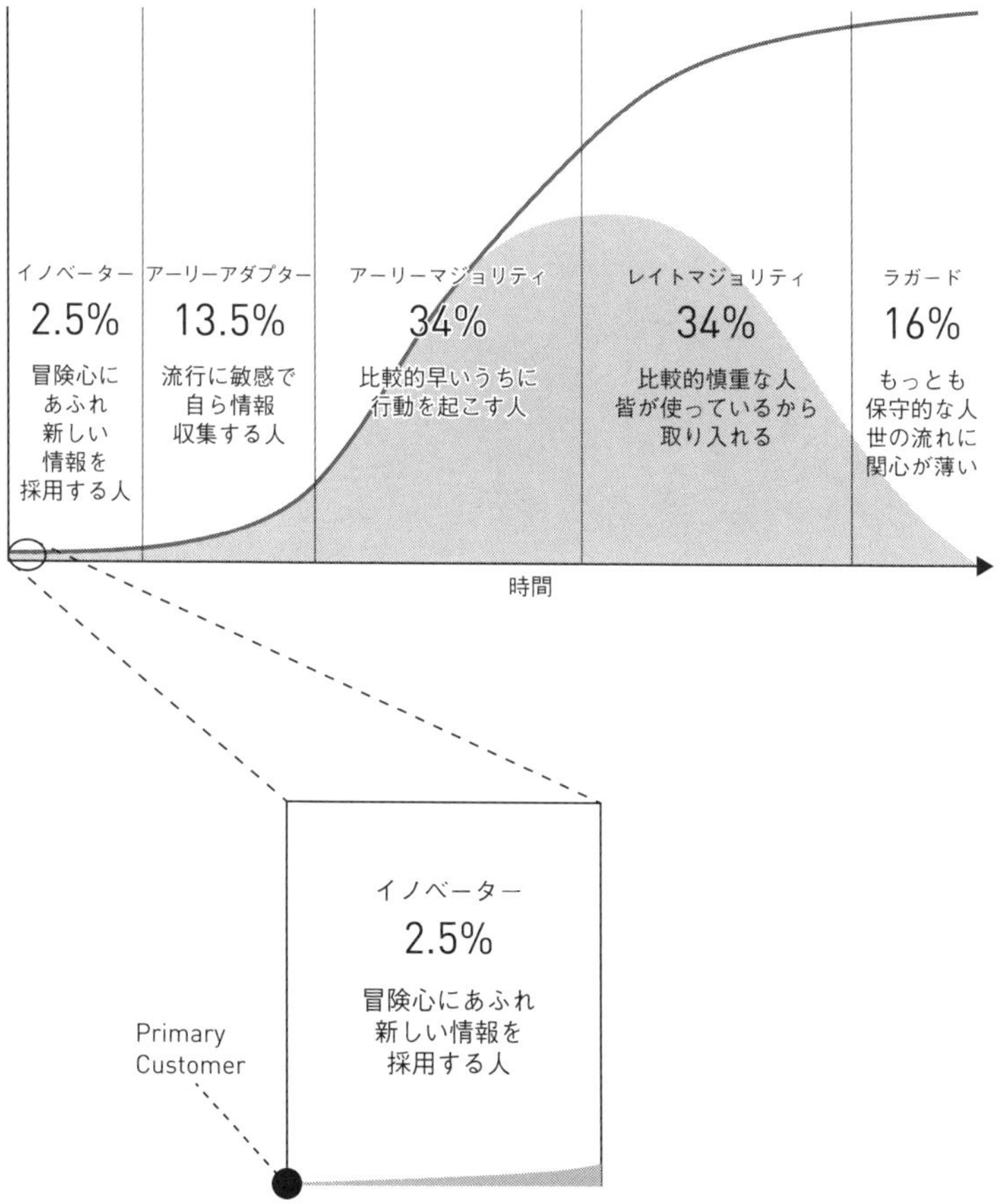

とを見てようやく腰を上げるのが「レイトマジョリティ」であり、最後まで購入しないのが「ラガード」です。

この理論をリリース直後の新規事業に当てはめて考えてみましょう。

ここで登場するのが、Primary Customer（一番最初の顧客）という考え方です。（図6―4下）

2・5％のイノベーターの中でも、「その中の本当に最初の1人」がPrimary Customerです。まさにイノベーターの中のイノベーターともいえるでしょう。

私が経験したすべての新規事業において、立ち上がった新規事業には必ずこのPrimary Customerが存在しました。

Primary Customerは、「イノベーターの中のイノベーター」ではあるのですが、その他すべてのイノベーターとは決定的に異なる顧客です。その事業が立ち上がり大きくなっていった後の世界において「伝説的なクライアント」として語られる、その事業の歴史に名が残る、何ものにも代えがたい存在です。そして、すべての新規事業において、そんなPrimary Customerは「世界にたった1人」しか存在しません。セグメントでは語れないのです。

Primary Customerは、他に誰も顧客がいない段階で、お金を払い、製品を購入し、顧客となってくれます。リスクが高く、何もわからない状態のものに手を出す、ある種クレイジーな存在なのです。

Primary Customerが最初の道を切り拓いた後の世界は、その前の世界とは決定的に景色が変わってきます。「顧客がいない事業」の状態から「顧客がいる事業」の状態になるからです。たとえ1人でも顧客がいれば、そしてその顧客が満足してさえいれば、その話をもとに2人目以降の顧客にコミュニケーションしていくことができます。購入する側も、自分より前に顧客がいれば、不安を払拭できる材料が格段に増えます。

Primary Customerの存在を見て反応し、購入に至る顧客を私はイノベーターの中でも「2nd Customers(セカンド・カスタマーズ＝2番目に購入する顧客群)」と呼んでいます。最初の顧客がいるとはいえ、まだまだリスクの高い製品を購入してくれる貴重な顧客群です。そして、それら2nd Customersの動きを見て反応する顧客群がいわゆるイノベーターであると理解しています。

ケース6－1の「フードロス食材の受発注プラットフォーム事業」でいえば、潜在顧客数がたとえば「日本の飲食店の数」だとすると、その数は約59万店舗（平成28年経済センサス-基礎調査結果、飲食サービス事業所数）です。このうち2・5％の14750店舗がイノベーターとなりえます。そしてその中でも、「たった1店舗しかいない」Primary Customerに出会い、獲得すること。そしてそのPrimary Customerに最大限満足してもらえるサービスと価格に磨き上げること。それができれば、2nd Customersが、そしてその後にイノベーターが反応して顧客が少しずつ増えていくサイクルに入っていくことができるでしょう。

コラム6-2

Primary Customer、2nd Customers、イノベーターの違い

Primary Customerに続く顧客である2nd Customersとイノベーター。この2者は、Primary Customerに続くという点では似ているのですが、顧客タイプがやや異なります。

2nd Customers は、Primary Customer の存在を確認することで提供価値に納得し、購入に至ります。積極的な営業・マーケティング活動がなくとも買ってくれる顧客群です。Primary Customer を獲得したばかりの事業の状態は、まだ「LTV＞CAC」が成立しておらず、よって積極的なセールス・マーケティング投資が行えない状況がほとんどです。その状況下で、Primary Customer の存在だけをもって、その製品の価値を認め、購入してくれます。

2nd Customers へ販売が広がることで、セールスで語れる事例や顧客のバリエーションが増えていきます。2nd Customers への導入を促進していきながら、「LTV＞CAC」となるマーケティング方法を開発する。そして、最初に成立したその「LTV＞CAC」の営業・マーケティング方法を実行することで獲得できる顧客群がイノベーターです。

Primary Customerを発見するための「3C」

この章の最後に、すべての新規事業の歴史に「伝説的顧客」として残ることになるPrimary Customerと実際に出会う方法について解説していきます。

まず、知っていただきたいことは、Primary Customerを獲得する以前には、**「Primary Customer以外のすべての潜在顧客は必ず、否定的な反応を示す」**という事実です。「(価格が) 高い」「使わない」「意味がわからない」など、その理由は様々です。

MVP期に実証実験を繰り返し、たしかな顧客インサイトを得て事業として成立すると確信した事業プランでさえ、最初の顧客の獲得以前には、世界に存在するほぼすべて(99・99%)の営業先が否定的な反応を示し、購入してくれることはあり得ません。

リリース直後の新規事業のリーダーが肝に銘じてほしいこと。それは自分の子どものように可愛い、渾身の作品かのように思ってしまう新規事業に対して**「世論は驚くほどにネガティブ、もしくは無反応である」**ということです。そしてそれでまったく構いません。

ちなみに、Primary Customerを獲得する以前には、いくら世の中に訴えかけても顧客が増えることはありません。ケース6－1でも、リリース後に多くのメディアが取り上げて認知度が高まったものの、実際に顧客は増えませんでしたよね。そういうものなのです。

リリース直後の新規事業がまずやるべきことは、人気者になることでも、世界から賞賛を受けることでも、何かの賞を取ることでも、ましてや上司や経営会議からよい反応を得ることでもありません。まず集中すべきは、最初の顧客であるPrimary Customerを発見することです。

Primary Customerとは、以下の条件を兼ね備えた顧客です。

定義1：身内や関係者ではないこと
定義2：営業されて「はじめてその商品を知った」状態から購入に至ること
定義3：正規の価格を支払って買ってくれること
定義4：購入しただけではなく、購入後にたしかに使ってくれること
定義5：使った結果「支払ってよかった」と満足してくれること

Primary Customerと似て非なる存在が、「応援してくれる業界関係者」です。たとえばMVP期から実証実験に付き合ってくれた顧客など、「半分身内であり関係者」の顧客は、Primary Customerとは呼べません。純粋にその製品を評価して購入したわけではなく、それまでの関係性があったり、事業の持つ世界観への共感があったりしてこその購入であり、本当の顧客とは呼べないからです。これらを除くための定義が定義1と定義2です。

次に、Primary Customerとは、正しく料金を支払ってもらえる存在である必要があります。リリース直後の新規事業で多いのが、「トライアル利用」などの形で、無料キャンペーンなどにより顧客を獲得する手法です。それ自体は営業手法として間違ってはいないのですが、トライアルで契約した顧客はまだPrimary Customerとは呼べません。これが定義3です。

さらに、Primary Customerは、購入後に「たしかに利用し、満足する」存在である必要があります。買ってもらっただけで、利用もされず、不満を持たれている状態では、その後の2nd Customersがついてきません。実際に使い、満足してもらっているかを判断するための条件が定義4と定義5です。

では、これらの定義を満たすPrimary Customerを発見するためには、どういった活動をするとよいのでしょうか。私はその活動を「Primary Customer 発見のためにPDCAを回すべき3C」と名付けました。

PDCAを回すべき3C ❶ Channel（チャネル）

たった1人（1社）しか存在しない、かけがえのないPrimary Customerに出会うために、あらゆる手法と手段を試しましょう。

ケース6－1で実行されていたような、PRやメディア露出も1つの手段ではあります。しかし、それ以外にも、「人づてで紹介を依頼する」「SNSで話しかけてみる」「展示会社イベントへ出展する」など様々な方法があります。ここでは**効率や再現性は度外視**して、とにかく出会えればそれでよいと割り切ってあらゆる手段で探します。

ＰＤＣＡを回すべき３Ｃ❷
Ｃｏｍｍｕｎｉｃａｔｉｏｎ（コミュニケーション）

トークスクリプトやセールストークを柔軟に変えてＰＤＣＡを回しましょう。もしかしたら、チャネルは正しくて出会えていたかもしれないのに、トークやコミュニケーションが刺さらずにPrimary Customer化できなかったのかもしれません。

１つひとつの顧客との出会いの中で、真剣勝負を繰り広げ、どのトークが刺さり、どのトークが刺さらなかったのか、ＰＤＣＡを回し続けましょう。

ＰＤＣＡを回すべき３Ｃ❸
Ｃｕｓｔｏｍｅｒ Ｓｕｃｃｅｓｓ（カスタマーサクセス）

なんとか契約にたどり着き、購入してくれた顧客に対して、買ってよかったと思ってもらえるためのあらゆるサポートを行いましょう。リリース直後の新規事業は、利用事例もなく、必要となる最低限のサポート体制も整っていないことがほとんど。だから、最初の購入顧客はもっとも体験が悪い状態で購入してくれていることを忘れてはいけません。最

図6－5：Primary Customer 発見のためにPDCAを回すべき3C

Channel	顧客に出会うためのあらゆる手法を試す PR/紹介/Web/広告/イベント/セミナー/展示会 etc. ※効率や再現性は度外視。出会えればよい
Communication	トークスクリプト。セールストーク。 チャネルは正しくて出会えていてもトークが刺さらず購入に至らなかったのかもしれない
Customer Success	最初の顧客は商品の使い方がわからず、サポートを必要とすることがほとんど（販売側も適切なサポートが何かわかっていない）。どんなサポートが必要か

初の契約に至ったら、あらゆる手段を用いて顧客をサポートし、「買ってよかった」と思ってもらえるように力を尽くします。

この3Cに関して大量のPDCAを回すことで、制限時間内にPrimary Customerを発見し、獲得すること。それがリリース直後の新規事業が向き合うべき最重要命題です（図6－5）。

新規事業がリリースされてからPrimary Customerを獲得するまでは、強いプレッシャーがかかり、時間が長く感じる、非常にストレスフルな期間になります。

みなさんがよく知っているケンタッキーフライドチキンというフランチャイズビジネスが、この「リリース直後」の段階で直面し、成し遂げたことをご存じでしょうか。

フライドチキンの調理法をノウハウとして売り、加盟料とロイヤルティを支払ってもらうビジネスモデルは、当時あまりにも先進的すぎて、あらゆる人から否定されたそうです。「フライドチキンをこちらが売ってあげるのに、なぜお金をもらうのではなくて払わなければならないんだ」という、しごく当然な否定を、創業者であるカーネル・サンダースは受け続けたのです。

「必ず世界のどこかに自分のフライドチキンとフランチャイズビジネスを認めてくれる顧客がいるはず」。そう信じて売り歩き、ついにPrimary Customerを獲得したことで今日のケンタッキーができ上がっていくのですが、そのPrimary Customerに出会うまでに提案を断られた回数はなんと、1009回にのぼったそうです。

1000回否定されようと、その後に立ち上がるビジネスであれば、世界のどこかに必ず存在するたった1人のPrimary Customerによって新規事業は動き出します。世界中があなたとあなたの新規事業を無視したとしても、どこかに存在するまだ見ぬPrimary Customerの存在を信じて、走り抜くのです。

第 7 章

「社内会議という魔物」を攻略する

社内起業のすれ違い

この章では、社内起業、つまり企業内でサラリーマンが行う新規事業開発において、切っても切れない要素である「社内会議」について解説します。

ここまで、ゼロから事業を生み出すために行うべき活動について解説してきました。第6章までに解説したとおりに動けば、事業を生み出すこと自体はできるでしょう。しかし、新規事業開発は、事業を生み出す活動と同じかそれ以上に、生み出した事業について説明すること、具体的には「社内会議を通すこと」が求められます。

ケース7-1

今年から始まった、「会社の未来をつくる新規事業開発プログラム」に応募し、第1期生として1次選考を通過したのが半年前。そこから、通常業務と並行して1次選考で提案した事業仮説の実証実験を行い、事業計画を策定してきた。

できあがった事業案は「訪日外国人にターゲットを特化した、日本の伝統産業・伝統文化体験施設のマッチングサービス」。はじめは「増える訪日外国人に向けて、観光名所を紹介するメディアを作ったらよいのではないか」というラフな仮説から出発して、この半年間大量の顧客検証を繰り返してできあがった事業プランだ。

半年の期間の中で、検証をするほどに「単なる施設の紹介だけではニーズを捉えきれない」ことがわかり、当初のラフな仮説は早々に崩れた。すでに英語で紹介されている日本の施設紹介コンテンツは山のように存在するし、理解度の低いひやかし客を送客しても、施設側も喜ばないことがよくわかった。

ブレイクスルーが訪れたのは、1組の外国人観光客を実際にアテンドし、忍者体験施設や日本の伝統料理を出してくれるレストランに連れて回ってみたときだった。米国に留学経験を持ち、インドネシアの金融機関で働くイスラム系ビジネスマンだったその旅行客は、宗教的な由来や料理の作り方や背景を事細かく聞いてきて、日本文化にもイスラム文化にもたまたま詳しかったチームメンバーが回答をすると深く感心し、満足してくれた。単なる施設情報を提供するのではなく、もっと深い背景情報を伝えたらよいのではないか。そこから「提供すべき情報」についての大量の顧客検証からその種類やカテゴリを導き、「国別・宗教別・訪日目的別」に、その施設の楽しみ方を解説するというサービスコンセプト、そして、単に「読み物情報」を提供するだけの「メディア」だけではなく、チャットによる対話型の情報提供形態が喜ばれるという結果も得られた。

さらには、施設側に簡単なコンサルティングを行い「国別・宗教別・訪日目的別」に、体験プランを細かく作ってもらうことで、顧客単価を高めることができるという実証実験結果も出せた。顧客単価が高まることで、間に入る自分たちが得られる利益も大きくなる。

実証された事実を積み上げ、事業計画を作り上げ、最終審査を行う経営会議で意気揚々とプレゼンテーションを行ったのが昨日。応援してくれる顧客の声も得られたし、市場性も十分。社会的な意義もある。絶対にいける、と興奮していた。

しかし、経営会議で自分たちに投げかけられた「質疑」は想定とは違ったネガティブなものだった。

15分のプレゼンテーションでは、事業コンセプトの説明から始まり、実証実験の内容と結果、そして事業計画の説明、そして最後には訪日外国人を増やすことで日本の経済力を高めたいというビジョンと想いを熱く語った。陪席していたチームメンバー、そして新規事業開発プログラムの事務局メンバーは、涙ぐんで聞いてくれていて、たしかに手応えはあった。完璧なプレゼンだと自分でも思った。

しかし、質疑が始まると、次々と細かな質問が浴びせられた。まず、財務担当執行役員から出た「初年度の売上とコストの細かい内訳を説明してくれ」との質問。プレゼンでは細かく説明する時間がなかったため、5ヶ年の事業計画を要約した年度単位の売上と利益のグラフを載せただけだった。

グラフを作るのに使ったエクセルファイルをそのまま開き、売上のシミュレーション方法と読み込んでいるコストの考え方について簡単に説明を加えた。エクセルの生のファイルをいじりながらだったことと、その説明を行った計数担当メンバーの緊張により、説明に手間取り時間がかかってしまった。説明を聞いて、シミュレーションロジックについて、その役員から疑義が入った。「読み込まれているマーケティング費用と営業部門の人数に対して、売上が上がるタイミングと規模の算出ロジックが破綻しているのでは」というもの。実証実験で得られた営業効率のデータと事業計画で使った数値の微妙な違いを指摘された。

また、自分たちの作った事業計画では、サービスインを予定していた来年10月から営業人数を増やす計画になっていたが、「サービスインよりも3ヶ月は早く営業体制を作らないと、教育に時間がかかるのではないか。すなわち、それによって、より利益が悪化し投資額が増えるのではないか」という指摘も。他にもいくつかの細かい数字に関する質疑から「ロジックを見直すと、より赤字額が増える」と役員は強く指摘した。財務担当執行役員の独壇場による質疑の時間が15分は続いたが、その間、他の審査員は神妙な面持ちで見守っていた。

そんな細かい部分は事業の本質じゃないのに。なんで粗探しをするような質疑なんだ。もっと、この事業の可能性やビジネスモデルについて聞いてほしい。いやがおうにも、イライラが募った。

細かい数字の質疑の後は、マーケティング本部長から、ターゲット顧客について質問された。ようやく事業の中身についての質疑をしてくれた、と前のめりになったが、その質問内容は「国別・宗教別・訪日目的別の解説が刺さるというが、本当にそうなのか。実感が持てない」というものだった。

これには、やや頭にきた。「実感が持てない」だって？　こちらは、実証実験まで行い、たくさんの声をもとに作り上げたんだ。その声についてもパワーポイント5枚を使って丁寧に説明したつもりだった。しかし、まったく伝わっていない。なぜなんだ。これ以上どういう説明をしたら納得をしてもらえるというんだ。

次に出た質問は、「想定されるリスクは何か」というもの。実証実験で得られた事実から、かなり保守的に見立てた事業計画であることを説明して、確度の高さを伝えたが、反応はよくなかった。「もしも想定どおりのスケジュールでリリースができなかったらどうなるか」については「大丈夫です」と回答。しかし、納得が得られた感じはしなかった。

続いて「宗教的な観点でコンテンツを配信することについて、何かリスクはないのか」。これについてはその観点がなかったため「追って検討します」と回答した。

また、国内の営業本部長からは「既存事業の中で推進している観光産業向けのソリューション事業部に話を通しているのか」という質問も出た。もちろんそんな根回しなんてしているはずもなかった。だって、この新規事業開発プログラムは、そういう社内の事情を一切無視できる、社長直下の「新規事業特区」だったはず。なのに、なぜ最終審査において「社内の部門調整」に関する質疑が出てくるんだ。

最後に出た質問は、経営企画室からの「この事業は、当社の戦略上どういう位置づけになるのか。他の会社ではなく当社がやるからこそ、という意義はあるか」というもの。これに対しては、再び「観光産業を盛り上げることで日本経済を盛り上げたい」というビジョンを強く語ったが、伝わった感じはしなかった。

やりきれない、複雑な気持ちでプレゼン会場を後にし、その日の夜に結果が伝えられた。結果は「検討不十分につき、さらに検討を行うように」というものだった。しかし、その質疑と結果を聞いた自分たちの気持ちは、落ち込んでしまい、さらに検討するという気分にはなれない。というか、やはり大きな企業の中で新規事業を立ち上げるなんて無理なのではないか。どうしていたら、あの新規事業なんてやったことのない役員陣から理解を得ることができたのだろうか。

そもそも「正しい評価」なんて誰もできない

ケース7－1では、苦労して作り上げた訪日外国人向けの施設紹介サービスの事業プランについて、かなりの確信と自信があったことが見受けられます。おそらく、実証実験でかなりよい成果を得て「これはいける。儲かる」という感覚を持てているのでしょう。これはMVP期を突破し、SEED期以降に立ち上げを成功させていくためにとても重要なことです。

しかし、経営会議でのプレゼンテーションはうまくいかず、意気消沈してしまいます。なぜ創業チームが確信している事業の可能性がそのまま伝わり、絶賛されないのでしょうか。審査員を務める経営陣が無能で、理解力のない人たちだからなのでしょうか。

じつは、そのとおりです。というか、経営陣だろうが、百戦錬磨の投資家だろうが、**立ち上がってもいない新規事業を「正しく評価する」なんて芸当はできない**のです。だから、そもそも、自分たちが確信している可能性が「そのまますべて伝わるなんてことはあり得ない」という腹づもりで、社内会議に臨みましょう。

立ち上がっていない新規事業を正しく評価することができる世界で唯一の存在は投資家でも経営陣でもなく「顧客」です。経営会議も事業化審査会も、その会議に出席した人の中には「顧客」はいないはずです。だから、そもそも正しく評価されることなんてあり得ません。

しかし、ここを強く認識しておかないと、ケース7－1のように、正論を振りかざしてしまうのです。投げかけられる「事業の本質とはかけ離れた細かい質疑」に対して「事業の可能性やビジョン」を回答してしまい、話は平行線の一途をたどります。

これは、気持ちのどこかに、「自分たちが作り上げた事業プランを正しくプレゼンテーションしさえすれば、正しく評価してもらえるはずだ」という期待や妄想があるからです。しかし、それはプロとして新規事業を立ち上げていく社内起業家としては「甘え」でしかありません。

ケース7－1は、「甘え」から、社内会議を攻略するための準備がまったくできていなかったことが見てとれます。だから会議前の昂《たか》ぶる気持ちが「裏切られた」と感じるような、的を射ない質疑となってしまったのです。これから解説していきますが、提案する**事業プランがたしかによいものなのに社内会議が通過しない場合は、ほぼ100%、提案する側の準備不足が原因**です。

ちなみに、立ち上がってもいない事業が正しく評価されないのは、起業家も一緒です。ベンチャーキャピタリストなどの投資家は、その百戦錬磨の経験から正しく事業を判断しているように見えますが、顧客ではないという点では本質的に企業の経営陣と変わらず、ケースにあるような細かい質疑をしてしまうシーンがたくさんあります。むしろ、起業家とベンチャーキャピタリストの関係の方が、好き嫌いで判断される部分が大きいとすら言えるかもしれません。

しかし、特に最初の資金調達においては、起業家は「わかってもらえなければ他の投資家を当たる」という選択肢があります。100人のベンチャーキャピタリストを行脚して、ようやく最初の投資家が見つかった、という起業家の話はそこかしこにあふれています。

一方、社内起業家はどうしても自社の経営陣にわかってもらわなければいけません。

「投資家を選ぶことができない」ことが、起業家ではなく、社内起業家であるからこそぶち当たる特異な壁です。

このため、企業内新規事業が「投資を仰ぐための重要な決裁の場」である「社内会議」には、**これ以上ないほどに入念な準備をして臨むべき**なのです。

社内会議の存在意義は「重箱の隅をつつくこと」

攻略のための準備方法について解説する前に、そもそも「社内会議」とはいったいどういう会議なのでしょうか。

結論から言うと、**社内会議とは、つまるところ「重箱の隅をつつく会議」**です。

そう言うとなんだか失望してしまいそうな気持ちになりますが、これは会社組織のあり方を考えたら、しごく当たり前の話なのです。

ケース7－1のリーダーをはじめ、多くのサラリーマンは、社内会議とは「よい提案をすると、それが評価されて、決議される場」と認識しています。しかしそれは、あまりにも社内会議というものの構造を理解していなさすぎる。

そもそも、よい案を持ってくるのは当たり前です。重要な会議にかけられる案がよいことなんて「当たり前」だから、質疑や議論においては「よいかどうか」の質問は、当然出てこないのです。

ケース7－1の質疑を見てみましょう。全力でプレゼンテーションを終えた後、最初に出た質問は、細かい数字に関する質問でした。その後も、リスクについて、意義についてなどのネガティブな質疑が続きます。

これに対してリーダーは憤りすら感じていますが、じつは、これは決して悪いことではなかったのです。社内会議において、提案がよいことは「当たり前」だから、その提案が「本当によいのか」についての質疑が少ないというのは、そのよさに対する疑義が少ないということ。経営陣が、わからないながらもある程度納得していると捉えてもよいと思います。

むしろ、**サービスモデルや顧客価値についての質疑が多発する場合は、社内会議の前提である「提案の内容がよいこと」に疑義が生じている段階**です。

では、社内会議とは、何を議論する場であり、どんな基準で決議されるのでしょうか。

結論をお伝えしましょう。

社内会議の意思決定ロジック、それは**「決議したことを、上司に説明できること」**です。

会社とは何か、について考察してみましょう。

（オーナー社長を除き）会社とは「所属するすべての人に、上司が存在する」という組織形態です。つまり、決議を行う社内会議における「決裁者」には、必ずその人の上司が存在し、その上のレイヤーの意思決定会議が存在します。

だから、すべての社内会議における決裁者は、常に**「いま、自分がこの会議で決議した案件を、上司に説明できるか」**を念頭に置いて決議を行います。

これは、会社の最高意思決定機関である経営会議や取締役会でも同じです。経営会議の議長である社長にすら、取締役会という上司が存在し、取締役会議長・会長にすら、株主総会という上司が存在します。

社員にとっては神様のような存在に思える社長や経営陣ですら、その上には上司が存在するのが会社の構造です。むしろ、上位レイヤーの会議になればなるほど、その会議には「議事録」が存在するからやっかいです。その日のその会議で何の議題が審議され、誰がどう発言し、どういう理由で決議されたのかが記録として残ってしまいます。

だから、「重箱の隅をつつく」のです。

提案されている案が素晴らしいほどに「ここで決議して本当に大丈夫か」「変なツッコ

ミを受けないか」の検証を、「上司に通すために」行う。それが社内会議です。

提案された新規事業案がたとえ可能性に満ちあふれたものであっても、法制度の理解が抜けていて致命的に大きなリスクが生まれそうだったり、承認するための重要な材料である事業計画の数値ロジックが間違ったものだったりすると、「事業の本質ではない」としても、却下せざるをえないのです。

ケース7―1で行われた質疑は、その典型的なものです。数字のロジックを確認し、リスクについて確認をし、実証実験内容の事実を確認し、法制度や社会的な枠組みの確認をし、社内の他部署との関係性について確認をする。

いずれも「決議したことを説明できるようにしたい」という観点からは非常に妥当な質問が並んでいます。

社内会議で行われる「重箱の隅をつつく細かい質疑」は、質問をする方も「本当はそんなに重要じゃないかもしれないとわかっているけど、しかたなく聞いている」ことだって多いのです。

これらの質疑において重要なのは「明確に回答できること」、そして「そのための準備が万全であること」です。明確でブレのない回答で「誰に対しても説明可能である」という状態さえ作れれば必ず決議されるもの、それが社内会議です。

攻略のための準備6点セット

ここからは、そんな社内会議を通すために有効な「事前準備の6点セット」について紹介します。これらは、特に、MVP期とSEED期の境目で設けられることが多い「事業化判断を行う審査会議」において機能する項目です。

これから説明する6点セット以外にも、その会社固有の、「社内会議を通すためのコツ」があることでしょう。社内起業家は、そういった**「社内会議」を常にハックして、何をどうやったら会議で決裁を得ることができるかについてアンテナを張り続ける**ことが求められます。

準備6点セット❶　数値ロジック

「重箱の隅をつつこうとする人」にとって、もっとも指摘しやすい材料が「数字」です。

ケース7－1でも、財務担当執行役員が事細かく数字の確認をしてくるシーンがありますが、これは社内会議では非常によく見かけるシーンです。これに対して、ケース7－1では、生のエクセルファイルを開いて一生懸命説明をしていますが、その説明に手間取ってしまっているようです。これが、非常によくない。

数字とは、非常にやっかいな項目で、事業の中身がわからなくても、顧客について何の情報もなくても、誰でも指摘が可能なものです。そして、その回答が不明確であれば、それだけをもって「通さない理由」とできるほどに強力なのです。だから、まず数値ロジックを入念に準備しなくてはなりません。

おそらく、新規事業のプレゼンテーションの中には「事業計画」という項目ができ上がっているでしょう。実証実験の結果をもとに、立ち上げ初年度から何年間かの損益計画を作っているはずです。

ここで非常に重要なのは、**用意すべきは損益計算書の「数値自体」ではなく、その計画を作った「数値ロジック」**だということです。

では、その「数値ロジック」とは、何か。

それは、事業計画の全項目についての「数字の理由」です。言い換えると**「なぜ、その数字なのか」という質問に「——だからです」と答えられる日本語を用意しておく**ということです。

たとえば、事業化審査の場では、こんな質問が投げかけられます。「売上の根拠は?」「人員計画の根拠は?」「家賃はどういう数字を使っているか?」「広告宣伝費の内訳は?」などです。

これらの質問に対して「——だからです」という日本語を用意すること。そして、そのためにもっとも汎用的で有効なのは、**数値を分解しておく**ことです。

売上についての質問をされたら「売上は、顧客単価と顧客数に分解してシミュレーションをしています」と回答します。すると、質問はさらに続きます。「では、顧客単価と顧客数の根拠は?」と。その場合は、さらに分解した回答をすればよいのです。「顧客単価は基本利用料とオプション課金から構成されます」「顧客数は1店舗あたり来店者数と店舗数から構成しています」と。

分解という数値ロジックが非常に強力なのは、まず、きちんと考えられているという印象を与えられることです。事業の内容自体について正しく評価できていない人が「重箱の隅をつつく」シーンにおいては、きちんと考えられていること自体を示すのが有効です。

さらに、分解は最終的には「非常に細かい現場の数字」に行き着きます。たとえば顧客単価を分解していくと、商品の課金構成の話になり、値付けの話になっていきます。**細かい話に質疑を持ち込めれば、実証実験で得た顧客インサイトの話になり、事業の本質に関わる議論に持ち込むことができます。**価値のある事業プランなのであれば、細かい話に持ち込めば納得感を醸成できるはずです。「土俵をこっちに持ってくる」という効果もあるため、分解は非常に強力なのです。

作り上げた事業計画の、全項目を分解して説明できるようにしておきましょう。理想は、エクセルを参照することなくその場で明確に回答ができること。いちいちエクセルを見なくても把握しているということを「魅せる」ことも信頼感の醸成につながります。

準備6点セット❷ 顧客の生の声

ケース7−1で、マーケティング本部長から「本当にそうなのか。実感が持てない」という質疑があり、「こんなに説明したし、たしかに顧客が応援してくれているのに、なぜ伝わらないんだ」と主人公が憤るシーンがありますが、これも新規事業の審査ではよく見かけます。

（詳細は第8章で解説しますが）立ち上がってもいない新規事業を正しく評価できるのは、顧客だけです。顧客ではない審査員は評価できないから、「実感が持てない」のも当然。

でも、審査員側だって、じつはツラいのです。創業チームが「絶対に顧客が支持して買ってくれる」と、一生懸命プレゼンしてくる。なんとなく理解もできるし、熱意もあるから、信じてあげたい気持ちもある。でも、自分は詳しくない領域だから、実感が持てない。決議してあげたいけど、納得がいっていないものを決議するわけにもいかない。納得してないのに決議したなんて、上司に説明できないからです。

この状況において、いったいどうしたらよいのでしょうか。わかってもらえないことを憤っていてもしかたありません。

ここで有効なのが「顧客の生の声」です。

これまでたくさん見てきた審査会の中で、審査員がぐうの音もでない空気になったことがありました。それは、創業チームが、そのプレゼンに顧客を連れてきたときでした。

そのサービスの想定顧客が、プレゼンに参加して、熱く語るリーダーの横に立って、審査員の前に一緒にいるのです。そして、プレゼンの中で「このサービスは自分たちが望んでいたものだ。実現してくれれば買う」と強く、直接、メッセージを伝えました。これをやられると、審査員は実感を持たざるをえない状況になります。

直接プレゼンに参加するのは難しくても、映像や手紙で応援メッセージをもらうなど、顧客の「生の声」を直接プレゼン会場に持ち込む手法はいくらでもあります。

プレゼンでは、**できるかぎり顧客の「生の声」を伝える**こと。これができれば「実感が持てない」という類《たぐい》の質疑を極力減らすことができます。

準備6点セット❸ リスクシナリオと撤退ライン

ケース7－1で「サービスインが遅れたらどうなるか」という質疑に対して「遅れないから大丈夫だ」と回答し、平行線をたどるシーンがありました。おそらく「スケジュールにコミットするという強い姿勢を示したい」もしくは「遅れることが想定できないくらい完璧なスケジュールを提示している」ことを伝えたかったのだと思いますが、逆効果です。

社内会議では上司に説明できることが決議の条件です。「遅れないから大丈夫」は説明になっていないので、それでは通せないのです。

この種の質疑に対しては、**まずリスクシナリオと、その上での撤退ラインを示すのが有効**です。

遅れないスケジュールを作っているし、間に合うように絶対に頑張るから大丈夫。創業チームの心意気としては、それでよいのです。その上で、「それでも遅れたらこうなる」というケースをシミュレーションしておく。

「遅れることはないが、仮に、3ヶ月サービスインが遅れたら」と想定し、その場合の事業計画を作っておく。遅れた場合の対処方法も明記しておく。

そして、「撤退ライン」を提示する。

3ヶ月遅れた場合は、事業計画をこう修正し、こうやって対処することで進めていく。しかし、6ヶ月遅れた場合は、当初の投資回収プランが破綻すると判断し、その場合は撤退する。

こういう説明ができれば、決議したことをその決裁者が上司に説明できます。

ここでは「社内会議の攻略のため」という文脈で解説をしていますが、リスクシナリオと撤退ラインをシミュレーションしておくことは、SEED期以降の立ち上げフェーズにおいて、実際に事業運営の役に立ちます。最悪、どこまで状況が悪化すると撤退となってしまうのかを自分たちでも把握しておくことで、適切な事業判断ができるようになっていきます。

準備6点セット❹ 関連諸法規の提示

ケース7－1では、「宗教的な観点での情報配信にリスクはないのか」と質問されるシーンがありました。「社会的なルールに抵触しないのか」という類の質問は、重箱の隅をつつく観点では頻出です。

特に新規事業の場合は、その会社が普段取り組んでいない、つまり誰も詳しい人がいない領域のため、社会的ルール・商習慣・法制度・規制などに関する知識が不足していま す。その「不足している」という状況自体が「説明できない」につながり、却下の理由となってしまいます。

創業チームは、自主調査、社内の法務部・弁護士に相談をする、社外の専門家にアドバイスをもらう、という3段階で、自分たちの事業が抵触する可能性のある法律や規制、社会的ルールがあるかどうかを調べましょう。

関連諸法規の提示は、調べたことをそのまま添付資料として貼り付けます。量が多ければ多いほどよい類のものです。**「必要十分なだけ、ちゃんと調べている」と伝わることが社内会議攻略上は重要**です。

準備6点セット❺
社内キーマン・社外権威者のコメント

ケース7―1では、「既存事業の中で推進している観光産業向けのソリューション事業部には話を通しているのか」という質問を受け、社長直下の特区ではなかったのかと発表者が憤っています。

これも、よく見かける審査会のシーンです。既存事業との軋轢《あつれき》を無視できる制度のはずが、蓋《ふた》を開けたら、社内の部門調整の話が出てきてしまう。

しかし、これも「社内会議とは、決議したことを上司に説明できるようにする場である」ことをよく理解していれば、なぜそうなってしまうのかがよくわかります。じつは、「特区だから既存事業の軋轢を無視できる」と「審査会で部門調整の話が出てくる」のは、両立するのです。

まず、勘違いをしない方がよいのが、**特区とは「既存事業の事情を考慮しないわけではない」ということです。「考慮したうえで、無視する権限がある」**のです。

ケース7－1では、主人公が「特区なんだから、根回しなんてしているわけがない」と憤っていますが、これが間違いです。

特区なのであれば「根回し」まではする必要はないかもしれませんが、既存事業ですでに観光産業向けの取り組みをしている事業部があるのであれば、その事業部長には事前に話をしにいくべきです。そこで応援してもらえることもあれば、もちろん、妨害されたりネガティブな反応を受けたりすることもあるでしょう。

それを、そのまま「社内キーマンのコメント」として審査会のプレゼンテーションで提示すべきです。

「既存事業のキーマンからは、――という観点でネガティブなコメントをもらっている。しかし、自分たちとしてはそれに対して、――と考えている。ぜひ自分たちの意見を汲み取ってもらい、決議をしてほしい」。そう伝えるべきなのです。

このコメントがある状況と、「社内の部門には一切ヒアリングをしておらず、調整も試みていません」では、社内会議での説得力が大きく異なります。

ヒアリングすらされていないのであれば、既存事業の意向を無視する意思決定は「上司に説明できない」ものになってしまうのです。

実際には、社内キーマンのコメントをもらうと、ネガティブな反応になることも多いのが企業内新規事業のリアルです。

その状況をふまえて、それでも決議をしてもらうために有効となるのが、「社外権威者のコメント」です。

たとえば観光産業であれば、観光庁のキーマンや、インバウンド消費について研究をしている大学の先生から応援コメントをもらいます。「国や社会が、自分たちの立ち上げる事業を応援してくれている」という事実が作れれば、既存事業との軋轢を超えて意思決定するために「気持ち的に」大きな材料となります。

準備6点セット❻　空気を読んだ戦略図

ケース7−1で、「この事業は、当社の戦略上どういう位置づけになるのか。他の会社ではなく当社がやるからこそ、という意義はあるか」という質疑に対して、ビジョンを語り、うまく噛み合わないシーンがあります。

この「当社でやる意義」も、よく出てくる質疑の1つです。「意義」を意義という日本語のまま受け取ると、つい想いやビジョンで回答をしてしまいがちですが、この**「当社でやる意義」とは、じつは想いやビジョンを聞くための質問ではありません。**

新規事業の中には既存事業の周辺領域で、誰しもが自社で取り組むイメージがついているものもあるでしょう。しかし、既存事業から、あまりにもかけ離れて見えるときは「当社でやる意義」を問われることになります。

社内会議の決議ロジックは「上司に説明できること」でした。では、この当社でやる意義を説明する上司は誰でしょうか？　そう、上場企業において「究極の上司」である株主です。

そのため、**ここで求められている説明とは、想いやビジョンではなく「戦略」に関するものになります。**これまで営んできた既存事業の上で、新しくその事業を始めることの「戦略的な意味合い」が語られる必要があるのです。

この説明のしかたについては、いくつか方向性があります。

「既存事業の資産が使える」

「新規事業が立ち上がった後、その資産を既存事業が使える」

「そもそも会社全体を新しいビジネスモデルに変革していく中での一手」

などです。


たとえば、中期経営計画で語られる重点方針がデジタルトランスフォーメーションであれば、自分たちが立ち上げる新規事業で培われる知見がデジタルトランスフォーメーション戦略に寄与できることを示します。

「モノからコトへ」が重点方針であれば、サービス領域に進出する足がかりになることを説明したり、「グローバル展開」が重点方針であれば、海外顧客を獲得することへ意味合いを接続したりします。

しかし、これらのどの説明がもっとも経営陣にとって説明しやすいかはわかりません。

そのために、準備すべきものが「空気を読んだ戦略図」です。

自分たちが立ち上げる新規事業が、会社の全体戦略に対してどういう意味合いを持つことができるのかをしっかり考え、思いつくだけの「戦略的な意味合い」を、図にして用意しておきます。そして、それを**事前に戦略部門や経営企画のメンバーと議論し、もっとも強く意味合いを感じてもらえたシナリオを中心にプレゼンテーションに組み込む**のです。

コラム7-1

「創業者のDNA」という小技

「準備6点セット」では解説しなかったのですが、社内会議攻略に有効な手法として「創業者のDNAになぞらえる」という小技があります。これはすべての企業で機能するとはかぎりません。逆効果になる可能性もあるので、コラムとして紹介するにとどめておきます。

社内会議では「否決しづらい」材料を持ち込むことが重要なのですが、多くの経営陣にとって否定することが難しい存在の1つが創業者です。ホンダでいう本田宗一郎、パナソニックでいう松下幸之助ですね。

「創業者のＤＮＡになぞらえる」とは、「もし仮に現代に創業者が生きていたとしたら、きっとこの事業を手がけただろう」というシナリオを用意することです。そのために、創業者の歴史から、似たエピソードを探してきて、編集して回答できるようにしておく。

これを、プレゼンテーションの中でその事業自体のビジョンを語るパーツと組み合わせてうまく伝えられると、経営陣の「気持ち」が前向きになります。

会社の中で創業者がどういう存在として扱われているかにもよるので一概には言えませんが、あくまで小技の１つとして紹介しておきます。

第8章

経営陣がするべきこと、してはいけないこと

「画期的なアイディア」という病

第8章では、第7章までと視点を変えて、企業内新規事業を生み出すために、経営陣ができること、するべきことについて解説します。

第7章までで解説したことを、自社の社員が1つひとつ積み上げることで、たしかに立ち上がる新規事業が生まれてくるようになると思います。しかし、どれだけ新規事業案が生み出される兆《きざ》しが出てきたとしても、それと同じかそれ以上に重要なのは、**新規事業が生み出される気運に対して経営陣が呼応し、適切に判断を行い、仕組みを作っていくこと**です。

新規事業開発とは、現場社員を主人公とした事業創造活動であると同時に、その事業プランに投資を行い、事業展開の判断をする「経営活動」でもあります。

経営陣がなすべきことがなされなければ、どれだけ社員が可能性あふれる事業を提示し、立ち上げようと、それを形にしていくことはできません。

この章では、経営陣に対して「最低限、これだけはやってほしい」と私が考える項目について解説をしたいと思います。

具体的なノウハウに入る前に、まずお伝えしたいことが、日本企業の新規事業開発現場に蔓延する**「画期的なアイディア病」**の存在です。経営陣のみなさんは、新規事業開発のメンバーに画期的なアイディアを求めていませんか？　そして、新規事業開発を行う創業チームのみなさんは、その経営陣からの要求に真面目に応えようとしていませんか？

画期的であるほど理解できない

次の日本語を見て、何を表現したものだかイメージできますか？

〝なめらかに動くインターフェイスのタッチパネル式携帯電話〟

そう、iPhone（スマートフォン）ですよね。

個人的に、私はiPhoneがすごく好きです。それは、私がプロとして「新規事業開発」を仕事にしているから。iPhoneはこの10年、単一製品によって世界をもっとも変えた「世界最高の新規事業」と言ってよい。だから、私はその立ち上げプロセスや世界の変え方において、手法として生かせるものはないかと分析してきました。

さて、この「なめらかに動くインターフェイスの、タッチパネル式携帯電話」は、iPhoneを表現した日本語です。つまり、世界最高の新規事業のアイディアを表した一文であるはずです。

今を生きる私たちには、「これはiPhoneのことだな」とイメージできたと思います。しかし、iPhoneがまだ新規事業だった頃は、日本の携帯電話はほぼすべてが「ガラケー」と言われるパカパカ開くボタン式の電話でした。

そんな時代にこの日本語を聞いて、かつての経営者や企業戦士は「世界最高の画期的アイディアだ」と評価することができたでしょうか。

実際に、iPhone前夜の日本において、多くの企業戦士が経営者に対して「タッチパネル式携帯電話」の提案を行い、そのほぼすべてが否決された事実は歴史的にも振り返りがなされています。

iPhoneと同じかそれ以前のタイミングで、同じアイディアが幾度となく提案されていたのに、それは「画期的」と判断されず、しかしその後スティーブ・ジョブズはiPhoneを生み出し、世界を変えました。

これが、「画期的なアイディアという病」の正体です。

世界を変えるアイディアは、世界を変える前には説明することができません。そもそも世界にまだない画期的なアイディアを「説明できる」と思っていること自体が大きな間違いなのです。

実際に、その後の世界を変える画期的なアイディアの多くは、世界を変える前にはほぼ事業内容が説明できていません。

創業期のGoogleは「世界中の情報を整理する」と言い、「検索エンジン」という見たこともないプロダクトを世界に広めました。Google以前の世界では、彼らがやっていることを見ても聞いても、その素晴らしさを正確に理解できた人はいなかったはずです。だから、「画期的なアイディア」なんて、最初の仮説の段階で説明を求める方が間違っているのです。画期的だったとしても、いやむしろ画期的なほど、そのアイディアは理解されないはずなのですから。

ただし。ここからが重要なのですが、その画期的なアイディアが「世界を変える前」において、世界中でたった1人だけ、そのアイディアを「画期的だと正しく評価してくれる人」が存在します。

それが「顧客」です。

世界の誰も解決してくれない課題を抱えた顧客だけは、そのアイディアを画期的だと評価してくれます。上司も、会社も、同僚も、チームメンバーも、もしかしたら創業リーダーの自分自身でさえ半信半疑でしっくりこないそのアイディアの価値を、顧客だけは「画期的で価値がある」と評価してくれる。

第6章で解説をしたPrimary Customer、その事業にとっての「本当に一番最初の顧客」に出会うことで、はじめてその新規事業は正しい評価者を獲得し、立ち上がっていくのです。

アイディアを評価しないでください

どれだけ私が「画期的なアイディアなど幻想にすぎない、説明も評価もできない」と力説しても、未だに根強く存在するのが「立ち上がってもいない事業プランのアイディアのよしあしを経営陣が評価してしまう」現象です。これだけは、絶対にやめていただきたい。

立ち上がってもいない新規事業の価値を正しく評価できる、世界で唯一の存在は顧客です。顧客ではない経営者には評価できなくて当然なので、評価できるふりをして、市場性について、実現可能性について、ビジネスモデルの収益性について、などの質問で**「評価したつもりになる」のをやめてください**。

実際に、スタートアップ企業に投資する投資家が、まだ何もないアイディア段階の起業家を評価するときは、事業プランの説明を一言も聞かずに「目を見て投資する」なんて話もあります。

「目を見ただけ」というとやや狂気じみているように聞こえますが、実際にはおかしな話ではありません。極端に言えば、事業アイディア自体は自分には評価できないから、「評価できるとしたら人でしかない」というのも一面の事実なのです。

また、別の角度から言えば、第5章で述べたように顧客のところに「300回行く」中で、アイディアは顧客との対話を通じて見る影もなく形を変えていきます。だから、**最初のアイディアに対して評価をしてもそもそも意味がない**のです。

では、最初の段階の新規事業に対して、経営陣は何を見て、どう評価し、何をしてあげるとよいのでしょうか。

評価すべきは、アイディアではなく「人と領域、その相性」です。

最初に評価すべきは「その人が、そのチームが、300回に上る顧客との対話をやり抜けるチームなのか」という点なのです。

300回顧客のところに行くということは、300回に及ぶ顧客からの否定を受け、それでも前に進めるということです。それだけの強い想いや動機が、その取り組みに込められているか。その**WILLの強さや、WILLが強くなっていきそうな可能性を評価す**

るということです。

そして、ひとたび300回走り抜けてくれそうだと評価したら、そのあとは「応援」してあげてください。とにかく顧客のところに行き、300回転に到達することを応援し、見守るのです。決して、その間にアドバイスという名の無駄な会議を設けたり、意味のない指摘によって仮説と顧客の回転を止めたりするようなことは避けていただきたい。

苦労して顧客のところに行くチームの話を聞くと、ついビジネスモデルの話をしたくなるし、儲かるかどうかを聞きたくなってしまいます。でも、ぐっとこらえて。顧客インサイトを得て「できた！」というプランが出てくるまでは、ひたすら顧客のところに行くしかないのですから。

決裁権限を降ろしてください

第7章を読んでもらえれば理解してもらえたかと思いますが、経営陣にとっては当たり前の「社内会議」を新規事業開発のプロセスに持ち込むことは、非常に大きな「本質的ではない負荷」を現場に押し付けることになります。

社内起業家には、私は「社内会議とはそういうものだから、それを攻略するための適切な準備をしよう」というメッセージを伝えます。しかし、もし経営陣にメッセージを伝えられるなら、そんな本質的ではないプロセスは、できるかぎり排除した方が事業が生まれやすい会社になる、と主張したい。

そのために、具体的には何をすればいいか。新規事業開発における**決裁権限を、できるかぎり、経営会議からその下に降ろしてほしい**のです。

ここでいう決裁権限は、第7章で取り扱ったような事業化判断や追加投資決裁といった、非常に大きな意思決定にまつわることだけではありません。事業化判断後も絶え間無く訪れる、予算執行・契約締結・採用・評価・人事方針・広報・会計ルール策定・働き方などの、事業を立ち上げ、運営していくために必要となるあらゆる事柄に関する権限のことです。

新規事業開発という分野において、決裁権限を降ろすためのポイントは、できるかぎり個人決裁権限として降ろすということです。具体的には、新規事業にまつわるあらゆる事柄について、**できるかぎり「新規事業担当役員」もしくは「新規事業開発部長」の個人決裁権限として降ろす**こと。

組織や会議体ではなく、個人権限に降ろすのがなぜ重要か。会議や組織に対して権限を降ろすと、その意思決定の場が「小さな経営会議」になるだけで、第7章で見たようなプロセスがなくなることはなく、むしろ会議体のレイヤーが下がるためより複雑になってしまうからです。どうせ会議で決めるのであれば、むしろ経営会議の方がよい、とすら言えます。

個人権限に降ろすことができれば、その個人から承認を得ればよいため、コミュニケーションコストは劇的に下がります。また、決裁をする個人に判断が蓄積されるため、日に日に判断の精度も高まっていきます。

個人決裁権限を降ろす懸念点として、「ガバナンスが利きづらい」「リスクが増える」などが挙げられると思います。それに対しては、「権限を降ろす幅」と「権限の降ろし方」を項目別に、丁寧にルール設計することによって、意思決定のコミュニケーションスピードを上げつつ、コーポレートガバナンスを守ることが可能です。

権限を降ろす幅、とは、たとえば「予算執行権限」でいえば、金額でルールを変えるということです。たとえば、100万円未満と100万円以上で決裁ルールを変えるなど。

権限の降ろし方は、大きく以下の3段階を項目別に設定しましょう。

①事前・事後の報告の必要なし
②事前審議は必要ないが事後報告を求める
③事前審議を伴うことで決裁可とする

①は、全権限を降ろすやり方です。たとえば「月に100万円未満の支出の決裁については、事前・事後の報告の必要なく、担当役員で決裁できるものとする」など。全権限を降ろしてしまうのでガバナンスは利きにくくなりますが、**経営計画上、あらかじめフルリスクを織り込んだうえで決裁権限を降ろさせれば、説明責任は果たせます。**というよりも、フルリスクを許容できる範囲の項目でのみ全権限を降ろすという方法です。

②は、事前審議なく決裁できますが、一定の期間で区切るなどして事後報告を求めるケースです。たとえば、「年間1000万円以上3000万円未満の業務委託契約については、事前審議の必要はないが、半年に一度、全契約内容について簡単な報告を経営企画室に行うこと」など。事後報告を義務付けることで、一定の牽制《けんせい》を利かせるのに加えて、リスクが顕在化した場合は、「次回に活かす」というサイクルを回すことでガバナンスを担保していきます。

③は、事前審議を伴うことで決裁が可能になるという降ろし方です。事前審議が必要なので、決裁権限が降りていないようにも見えますが、どこに事前審議をとればいいかを明確にしておくことで、経営会議での決裁と比較して、実態として権限を降ろすことが可能です。たとえば、「社外に対するプレスリリースの文面は、本社広報部長の確認を行った

うえで決議可能とする」など。

決裁権限は、**個別のプロジェクトが走り出すよりも前**に、「新規事業開発部全体に対して」などと設計し、経営会議から降ろしましょう。新規事業開発部に特化した社内規定を作り、それぞれの決裁項目別に、誰がどうやって決めていいかを表にしたり書面にしたりして、経営会議で事前に決議してください。

決裁権限の素案は、新規事業開発部長など、新規事業開発を担当し、個人決裁権限を降ろされる本人が設計すべきです。何の権限をどこまで降ろされれば新規事業開発を推進できるのか、そのイメージを持ちながら設計することが重要だからです。

一方で、新規事業開発を立ち上げる部長や現場メンバー側は「とにかくたくさん権限がほしい」となりがちです。その原案を、きちんとレビューし、どうやってプロジェクトがタコツボ化しないようにガバナンスを利かせていくのか。コーポレート部門と精査した上で、経営会議で決議する進め方がよいと思います。

コラム8-1

「特区という組織の形」がさほど重要ではない理由

決裁権限の設計こそが経営陣がなすべきもっとも重要な意思決定なのですが、様々な会社の経営企画や経営陣の方から質問を受ける「組織形態」についても、補足をしておきたいと思います。

新規事業開発を推進するためには「特区」を作ることが重要と語られることが多く、実際に社長直下に新規事業開発特区を設置する会社が増えてきたと感じています。新規事業専任の部署を設置するケースもあれば、新規事業専門の子会社を設立したり、投資ファンドとのジョイントベンチャーの形で会社を作ったりするケースも見受けられます。どの組織形態がよいのかは、新規事業を促進したい経営陣が悩みぬくべきテーマの1つでしょう。

しかし、組織の「形」はじつは本質的な問題ではなく、本論で語ったとおり「決裁権限」の設計こそが重要です。まず、決裁権限を設計し、その設計した決裁権限を降ろす先としての最適な組織形態は何なのかを考える。この順番を忘れないでください。

たまに、こんな事例を見かけます。新規事業開発子会社が設置されたものの、子会社社長が執行できる予算の権限が数百万円しかなく、新規の正社員採用も、重要な契約の締結も、本社コーポレート部門にお伺いを立てないとできない。

これでは、形式上は新規事業特区のように見えても、実態としては何の権限も持たず、機能不全を起こしてしまいます。子会社にするかどうかではなく、何の権限をどこまで降ろすかをこそ、決めるべきなのです。

コラム8-2

子会社化した方がいい4つのケース

「子会社化」についてもう1つ補足をしようと思います。新規事業特区全体に関しても、立ち上げる1つひとつの事業に関してもそうなのですが、組織設計の観点では「子会社にした方がよいか」がよく論点に挙がります。どういったときに会社を切り分け、どういったときに本体の中の事業部門として立ち上げるのがよいのでしょうか。

じつは、決裁権限の観点からは「どちらでもやりうる」のが結論です。大きな決裁権限を降ろすにしても、事業部門のマネージャーに降ろすことはできるし、逆に、子会社化したところで社長の権限を縛ることもできる。

子会社化した方がよいかどうかは、決裁権限というよりは、以下の4つの観点から検討されることが多いように思います。

①責任者を社長という肩書きにした方がよい場合
②人事制度や会計ルールを本体と変える場合
③本体の社名ブランドを使わない方がよい場合
④外部資本を入れる必然性がある場合

①についてですが、やはり「社長」という肩書きが持つ力は大きいです。実態としては本社のマネージャーと同じ権限しか持っていなかったとしても、社長という立場がその人の責任感を醸成し、それによって人材としても大きく育つようになります。

②については、たとえば営業中心の職種構成である本社の中で、エンジニア中心の開発会社を立ち上げる場合など。新しく採用するエンジニアの給与設計や査定ルールなどの人事ルールをまったく変える必要がある場合は、本体の中でやるよりも子会社化して独自の人事制度を立ち上げる方がやりやすい場合があります。また、新しく立ち上げる事業ではソフトウェア資産を計上し、減価償却すべきだが、本体ではそういう開発を行っていなかったためその会計ルールを持たない、などの場合も子会社化する方が楽な場合がありま す。

③については、リスクの高い新領域に進出する際、本体の社名を使わないことによって多少のリスクヘッジをしたい場合や、逆に本体の社名がネガティブなイメージを持つ特定の業界に対して進出する場合などには子会社化してブランドを分けることが有効です。

④については、立ち上げる新規事業が自社のみではなく外部資本と連携したジョイントベンチャーで立ち上げるべきケースなどのことです。

新規事業に「規模」を問わないでください

新規事業を立ち上げるチームに対して、「いつになったら巨大な規模になるんだ」と発破をかけるシーンは、よく見受けられます。ただ、残念ながらその投げかけは、思考停止であると言わざるをえません。そもそも、すでに巨大な事業を営む大企業にとって、新規事業とは、単体では小さくて当然の活動なのです。

たとえば、国内の新興株式市場であるマザーズに上場する企業群を見てみましょう。マザーズの上場企業といえば、日本企業として、新規事業を「もっとも成功させた企業たち」と言えると思います。

2017年1月から12月に上場した会社の平均値を取ってみると、以下の実態が見えてきます。「創業から上場までは12・3年」「上場直前期の売上は46・1億円」「上場直前期の営業利益は3・3億円」。そう、**もっとも成功させた企業群であるマザーズ上場企業をして「12・3年かかって営業利益が3・3億円」というのが新規事業の規模の実態**です。

つまり、まったく新しいビジネスをゼロから立ち上げ、ようやく年間3億円程度の営業利益に到達するには10年もの時間がかかるということなのです（もちろんマザーズ上場企業はその後、加速度的に伸びていく会社も多いです）。

この「時間軸と規模感」が、既存事業も含めた経営全体を統括する経営陣からは、「時間がかかるわりにインパクトが小さい活動」と見えてしまうため、先に述べた「いつになったら巨大になるのだ」という質問を生み出してしまうのです。しかし、この時間軸を劇的に短縮するか、もしくは規模の桁《けた》を変えようとしたら、マザーズ上場企業では成し得ないような、さらに常識離れした何かをしなくてはいけない。

だから、その「常識離れした何か」を、経営陣は、ちゃんと戦略として織り込んで、新規事業に向き合ってほしいのです。

より具体的に言えば、それは「外部への投資戦略と接続した新規事業開発戦略」の立案と実行です（図8－1）。

M＆A、マイナー出資（CVC）、事業提携（オープンイノベーション）という、外部企業・

図８－１：新規事業開発戦略の手法マップ

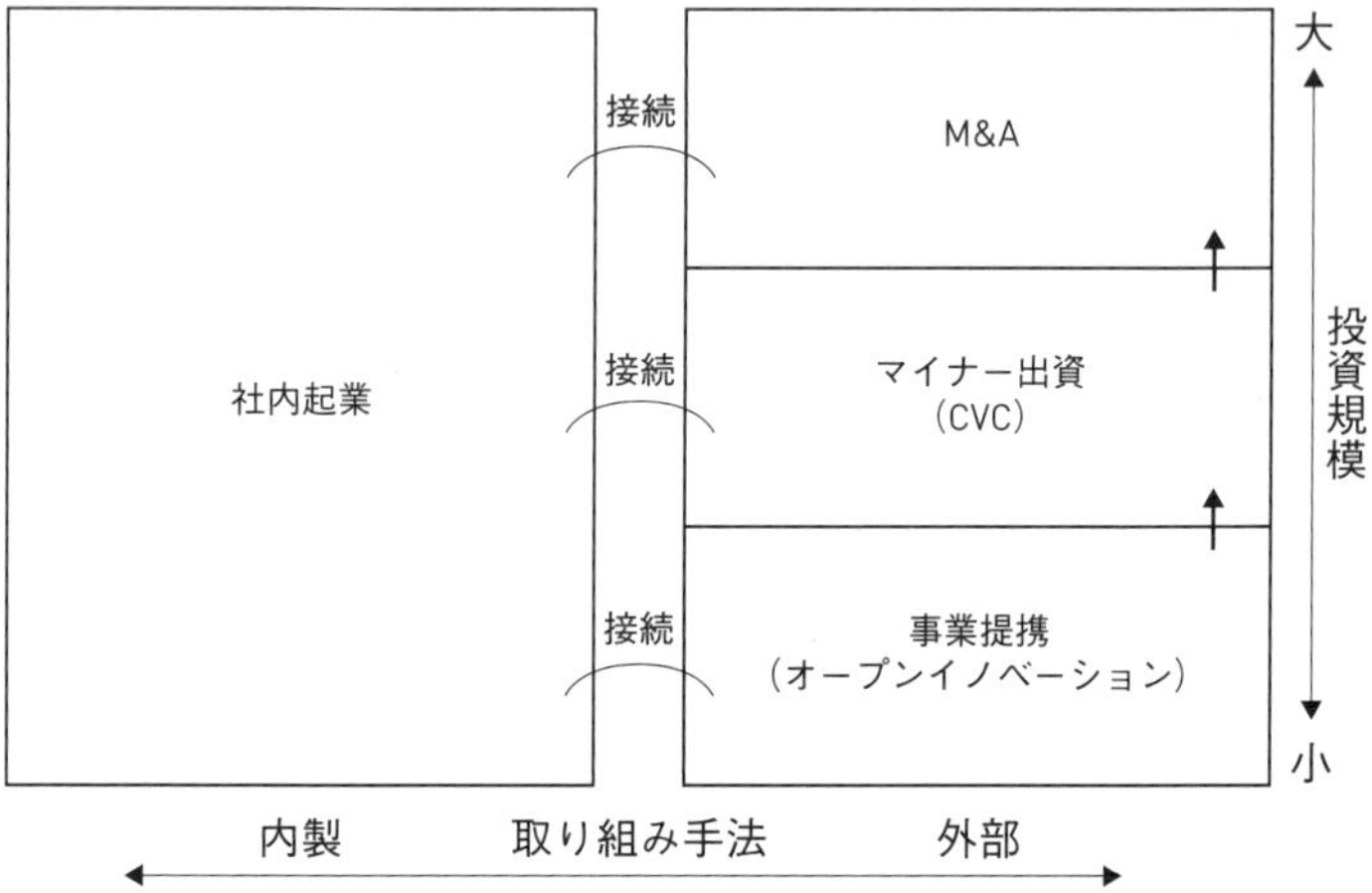

外部事業を取り込むための活動や手法があります。これらは現在、多くの企業において、「手法別の縦割り」で推進されてしまっています。

たとえば、Ｍ＆Ａは経営戦略部が行い、マイナー出資は１００％子会社が運営するファンドに任せ、事業提携は新設のオープンイノベーション推進室がプログラムを考え、それとは別に社内起業プログラムの旗振りを社長室がする、などです。

しかし、これらの**すべてを社内起業と接続することを前提とした戦略として、組み立て直していただきたいのです。**

社内起業で生まれた新規事業は、それ単体では小さいかもしれません。10年以上かかって、せいぜい営業利益が3億円程度にしかなりません。でも、そこで得られた新たな領域における事業ノウハウや、そこで育った新規事業チームは、立派に新領域を担うことのできる経営チームとなっているはずです。彼らに、内製の製品開発だけではなく、事業提携・マイナー出資・M&Aの活動を許可するのです。

新規事業立ち上げチームが、小さくとも見事に新規事業を立ち上げたら、極端な話、M&Aによって自分たちの何倍も大きな相手を買収しにいかせる。

これこそが、**起業ではなく社内起業だからこそできる、時間を短縮した事業拡大の手法**です。

第4章で解説した「企業内新規事業の6ステージ」の最終ステージである「EXIT期」においては、M&Aを含めて柔軟な投資戦略によって拡大する戦略の議論がなされるべきです。

これは、逆にM&Aをミッションとする部門側にとっても非常に有効な打ち手です。M&Aというミッションは、通常「買収するまで」を担うことが多いと思いますが、本当に重要なのは買収した「後」です。百戦錬磨の被買収企業の社長をマネジメントしなければばなりませんが、それをやりえるのは誰か。自ら事業を立ち上げたことがある、起業家気質のある人間でないと太刀打ちできないはず。だから、買収後のマネジメントを見据えたときにも、社内起業とM&Aを接続するべきなのです。

社内起業とは、個人のWILLから始まり、大量に顧客と対話することを通して生まれてくる価値創造プロセスです。そのプロセスを理解し、適切な枠組みで経営陣が受け取って判断することができるようになれば、きっと連続的なイノベーションが現場から生まれる会社ができることと思います。

コラム8-3

メンバーはいつから専任化すべきか

新規事業開発においてメンバーを「いつから専業にするべきか」について、補足しておきたいと思います。

新規事業の立ち上げは、まず専任組織化されて始まることもあれば、「放課後の課外活動」から始まって徐々に本務へと昇格していくなど、様々なケースが存在します。

しかし、あえて王道としての考え方を示すのであれば、「MVP期までは兼務がよい」「SEED期は判断が難しい」「ALPHA期以降は専任でないとだめ」となります。

兼業・専業を考える際の論点は「どの程度撤退可能性があるか」です。専業になったのに、その後すぐに撤退してしまうと、人事異動に混乱をきたすし、創業メンバーたちの社内キャリアにおいても無用に傷がつきやすくなってしまいます。撤退可能性が非常に高いうちは兼業で行い「そうそう撤退はさせないだろう」という段階をもって専業化していくのが基本的な考え方です。

この考え方に照らし合わせると、MVP期までの専業化は非常に危険と言えます。

MVP期は、事業仮説を検証し、事業計画として成立させることを目指すステージです。逆に言えば、この段階ではまだ仮説が検証されておらず、事業計画としても成立していないので、専任化は非常に危険です。検証した結果成立しないことも多く、撤退可能性は非常に高いといえます。

逆にＡＬＰＨＡ期は最初のグロースを実現し、競合とも戦いながら組織を拡大し、マーケティングをガンガン行っていく段階。この段階での兼業はドライブがかかりにくく競合に負けかねないため、専任化は必須です。

判断が難しいのは、その間にあるＳＥＥＤ期です。実際に商売を成立させ、グロースドライバーを発見する活動は、業務量も格段に増えるため、専任化した方が新規事業の立ち上げにはプラスになりますが、まだ実際に商売が成立しておらず、撤退可能性が高い状態でもあります。

この段階で専任化させるか、この段階はまだ兼業でやらせるかは、撤退した場合の人事的な取り扱いをどうするかという方針とセットで決めるべきであり、一概には言えない難しいポイントだと言えます。

最　終　章

「社内起業家」として生きるということ

「社内起業家」になってみてわかったこと

第1章から第8章までをかけて、私の2000件を超える経験をもとにした、新規事業開発についての知見を解説してきました。

なぜ、この時代に起業ではなく社内起業なのか。

社内起業は、すべてのサラリーマンのキャリア戦略においてもっとも重要な仕事となりうる。

WILLから始まる新規事業開発、そのWILLの見つけ方と育み方。

創業チームはどうやって組むべきか。

新規事業には適切なプロセスが存在し、6つのステージに大別される。

そのステージごとにやるべきこと、やってはいけないこと。

特に最初のステージであるMVP期とSEED期に大切なこと。

顧客のところに300回行け。

原型がなくなるほど仮説を変えよ。

マーケティングはするな。

社内会議を突破するためには入念な準備をせよ。

そのための準備6点セット。

経営陣がやるべきは、「アイディアを評価しない」「決裁権限を降ろす」「投資戦略と組み合わせた新規事業開発戦略を構築する」。


この本に記載されたエッセンスをそのまますべて実現することは、決して簡単なことではありません。「言うは易《やす》く、行うは難《かた》し」な事柄が並んでいるように見えるかもしれません。

でも、正解の見えない、科学もされていない企業内新規事業開発という大航海において、多少なりとも安心して進むための「北極星」と「羅針盤」の役割を果たせればと思い、筆を進めてきました。いかがだったでしょうか。

じつは、第8章までで、そのノウハウについては記載しきってしまいました。項目別、ステージ別に解説をしてきたので、実際に新規事業を立ち上げるプロセスで壁にぶつかるたびに手にとって読み返してもらえたらと思います。

この本を締めくくる最終章では、ノウハウや考え方ではなく、筆者である私個人がこれまで歩んだ仕事について、個人的なエピソードも交えながら、紹介させてください。

人に自慢できるような高い志はなかった

私の社内起業家としてのスタートは、リクルートのNew RING（現Ring）という新規事業コンテストに応募するところから始まりました。第2章で「新規事業はWILLから始まる」「最初から強くて明確なWILLなんてなくてよい、育むことができるんだ」と解説をしましたが、まさに私自身がそうでした。

第1章でも少し紹介しましたが、私が入社した2006年当時のリクルートは、1兆円を超える借金を返済した翌年。膨大なキャッシュフローを新規事業に投下するという方針のもとに、新規事業への機運が会社全体で高まっていく流れの中にいました。

当然、そんな機運の中で入社をした新卒社員なので、何の疑いもなく新規事業コンテストに応募をするわけです。社会を大きく動かすんだとか、目の前の課題あふれる顧客を救うんだ、みたいな崇高な理念は、そのときはまったく持ち合わせていませんでした。

さらに言うと、私が社内起業の第一歩を踏み出したもっと直接的なきっかけは、じつは「景品」でした。まったく偉そうなことなんて言えないのです。

当時、私が応募して受賞した2007年のNew RINGは、応募促進のために、「A4用紙5枚のエントリーシートを提出すれば、景品がもらえる」という施策が行われた時代でした。景品の中に「自転車」がもらえると書いてあり、その年の春にちょうど乗っていた自転車が壊れて乗れなくなった私は、自転車ほしさに仲間を誘ってエントリーシートの記入を始めました。それが私の社内起業家としてのスタートでした。

■顧客視点なんてはじめは持っていなかった

そんなスタートではあったものの、その後、書類選考を（なぜか）突破し、実証実験のプロセスを経て、経営会議でのプレゼンテーションによって事業化が決定し、プロジェクトリーダーとして新規事業を立ち上げていくことになります。

その立ち上げプロセスでは、この本に書いたプロセスを鮮やかにこなせたわけではまったくなく、いま振り返れば、なんて効率が悪かったのだろうと反省することばかりです。

そもそも、事業化が決定した案は、当時はまだ紙の雑誌メディア会社だった時代のリクルートにおいて、「モバイルインターネットの時代が来る。その時代に向けたモバイル課金メディアを作る」というものでした。

この事業プラン、この本の読者のみなさんならお気づきかと思うのですが、典型的な「顧客不在の事業プラン」ですよね。顧客ではなく、手段や手法、テクノロジーだけから事業を着想してしまったので、いざ事業化の検討がスタートした後に、とっても苦労することになるのです。

当時は、いまほど起業の世界も新規事業開発の世界もノウハウが体系化されておらず、本にもネットにも体系立った知見はありませんでした。技術やトレンドではなく顧客だ、なんて（もしかしたらそういう本が出ていたのかもしれませんが）誰も教えてくれず、事業の作り方もお金の稼ぎ方も、まったく何もわからない状況で手探りのまま進むしかありませんでした。

だから、当時の私がとった事業開発の手法は「考えうるあらゆる手段を実際にやってみて、うまくいったものだけを残す」という非効率極まりないものでした。

始まりが顧客不在の事業プランでしたから、いざやろうとすると、顧客を探し回ることになります。第5章で「顧客のところに行くスキル」と解説し、「関係者の星座を描く」という手法を紹介しましたが、もちろんそんなスキルが当時の私にあったわけはなく、手法も知らなかったので、手当たり次第、モバイルインターネットという雲をつかむようなトレンドと相性のよい「まだ見ぬ顧客」を探して回りました。

顧客の探し方も、ヒアリングの仕方も、お金のとり方も、サービスの作り方も、なにひとつ教科書がなかったので、考えうるすべての手法を試して、ほとんどが失敗し、その中でうまくいった少数の事柄を一点突破で広げていく毎日でした。

手探りで進める中で、事業としては、まず最初に携帯電話のヘビーユーザーである「若者」向けのコミュニケーションメディアを作り、そこから「主婦」に、そして一般ユーザーへとターゲットを広げ、多様なコンテンツとメディアを立ち上げる事業として成立していくのですが、この時期に「顧客視点」でコンテンツを開発する大切さを痛感することになりました。

人が技術やトレンドにお金を払うことはないこと。深い課題解決や、深い感動に対してのみビジネスは成立するのだということ。「新規事業は、とにかく顧客だ」という、現在私が声を大にして主張する理論の原体験は、この時期に形成されました。

■ リストラという原体験

私が、ただのサラリーマンから社内起業家として覚醒した瞬間、つまり「原体験化」は、リストラの瞬間でした。

子会社を設立して事業を切り出した第3期目に業績が悪化し、それまで右肩上がりだった事業が、右肩下がりに急転直下していくタイミングがありました。そのとき、子会社化前から自分が未来を語り、口説いて入社してもらった仲間に対して、社長として「やめてもらう」というコミュニケーションをする、いわゆる「リストラ」の判断をしました。

対象となる全員に対してそのコミュニケーションを終えた夜、放心状態で家に帰り、やるせなさから涙を流したことは、昨日のことのように覚えています。

「原体験化」は、ゲンバとホンバの経験と感情が蓄積されることであふれ出すもの、と紹介しましたが、私の場合、それとは少し違った種類のあふれ出し方だったかもしれません。

でも、原体験化は、本当にその瞬間から人を変えるんです。

私もそうでした。

それまでは、子会社を経営しているといっても、どこかサラリーマン気質が拭えない若者だったかもしれませんが、その瞬間以降、一切の言い訳なく、事業と組織と経営に向き合うようになりました。

たくさんの社内起業に並走する中で得たもうひとつの原体験化

その後、子会社を再成長状態に導いた後、上場後のリクルートホールディングスの新規事業開発室長として、1500を超える社内起業チームを創出して、あらゆる社会課題に対して新規事業を立ち上げる取り組みに邁進します。その中で得たもうひとつの原体験化、それが、多様な深い課題の震源地を浴びるように見た経験と、後輩の社内起業家が覚醒していく瞬間の蓄積でした。

「はじめに」で、林業をテーマとして泣き崩れたシーンの話を紹介しました。林業にかぎらず、1500を超えるチームのみんなと取り組んだテーマは、本当に多岐にわたります。

過疎地で破綻する公共交通、差別にあえぐLGBT、守られる立場にしか置かれない障害者雇用、黒字なのに倒産する事業承継、両立不能な子育てと仕事、適切な医療が受けられない動物病院の真実、業務過多で破綻する保育の現場、離職を防げないがために人員不足で破綻する経営の現場、などなど。

いずれも根深い課題の震源地を、たくさん巡り、当事者とたくさんの対話を重ねました。そのほとんどは事業としての解決策を見出すことができずに、力不足を痛感し、無力感に絶望し、でもいくつかのテーマでは、覚醒していく社内起業家の原体験化の瞬間に立ち会いました。

そして、課題のインサイトを得て覚醒した社内起業家をもってしても、事業を立ち上げられなかったり、立ち上げたものの撤退判断をせざるを得なかったりという経験も、たくさん積んできました。一方で、本当にごく少数の成功体験から、事業によって大きく課題を解決できていく手応えも手にしました。

それらのすべての経験が、私にとってのもうひとつの原体験化の瞬間につながりました。

日本中に眠る、未だ解決されない課題に、いまよりもっと縦横無尽に、全力で取り組みたい。差別や格差、偏見のない社会を作りたい。そしてそれは、起業だけではなく、社内起業の力を通して実現することができるはず。そう信じるに至りました。

「社内起業家」になろう

日本には、起業家精神にあふれたサラリーマンがたくさん存在する

アルファドライブを創業してから約3年で、すでに約3500の社内起業チームを支援しています。創業前に想定していたよりも、起業家精神あふれるサラリーマンが日本にはたくさんいることを知りました。

社内起業家は、起業家と比較して、その存在があまり世の中には知られていません。起業家を取り上げるメディアは多くても、社内起業家を取り上げるメディアは少ないからです。そんな課題意識から、incubation inside(https://incubationinside.jp/）という社内起業家取材メディアを立ち上げて、継続的に社内起業家をインタビューしています。

その中で、起業家よりも起業家らしく、強い信念を持って力強く事業を立ち上げる社内

起業家とたくさん出会いました。

第1章で触れましたが、起業家と社内起業家は、どちらも新規事業を立ち上げる存在ではありながら、その性質、立ち上げる事業のジャンルは大きく異なります。

起業家では考慮する必要のない社内会議や社内政治をこなしながら、顧客起点で事業を立ち上げていく。スピードこそが勝負の**超先進領域は起業家の方が向いているかもしれません**が、**多様な関係者を動かしながら、社会を大きく動かす必要がある社会課題解決は、企業内新規事業の方が向いている**ことも多い。

社内起業のリーダーは、起業家のように「一攫千金」をモチベーションにすることができず、いくら事業を成功させても多少給与がアップする程度の金銭的報酬しかないことも大きな特徴です。でも、だからこそ、所属する企業の力を使って、本当に解決すべき顧客課題に向き合うことができる。高い志を貫くことができる。そういう側面も持っています。

「いますぐ、誰にでもできる」という類の簡単なものではないかもしれません。でも、社内起業を通してしかできない課題領域はたしかに存在する。そして、それを立ち上げるプロセスを通して、ただのサラリーマンだったふつうの人が、素晴らしい社内起業家へと覚醒していくことができる。

この本でも繰り返し伝えてきたつもりですが、**スキルにも才能にも出自にも職種にも年齢にも性別にもよりません。すべてのサラリーマンは、必ず社内起業家として覚醒できます。**

それが、これまで私が経験してきた大量のケーススタディから導かれた「真実」なのです。

課題だらけのこの国で

社内起業が、私を育ててくれました。企業に所属しながら「辞めずに」新規事業を生み出す活動を通して、数多くの挫折と、少しの成功体験と、そして、ここには書ききれないほどの感動と忘れられない瞬間をたくさん経験しました。そのすべてがいまの私を作ってくれています。

既存事業の仕事がよいとか悪いとか、そういうことを言いたいわけではありません。

でも、たくさんの社内起業を経験してきた私がいま思うこと。

それは、日本には、未だ解決されない「根深い課題」がたくさん存在するということ。課題が存在するということは、そこに悩み、困っている当事者の人たちがたくさんいるということです。

それを、見て見ぬふりをしたり、見ないで一生を過ごすこともできるでしょう。それはそれで楽で、簡単で、楽しい人生かもしれません。

でも、もしも、少しでもこの本を読んで何か感じるものがあったのであれば、ぜひ社内起業をしませんか。

日本の、未だ解決されない課題を解決するために、知恵を絞ってたくさん動きましょう。いろんな取り組みを立ち上げましょう。

新規事業は「せんみつ」の世界ですから、その99・7%は失敗します。意を決して立ち上がっても、その事業ひとつをとってみれば、失敗する可能性の方が大きい。でも、成功や失敗という「結果」は、社内起業の醍醐味ではないんです。社内起業の醍醐味は、WILLを持って立ち上がること。活動を始めること。その「プロセス」にこそあります。

撤退したところでクビになるわけでもなく、給与がゼロになったり、借金を背負ったりもしない。仮に失敗したとしても、格段にスキルが向上し、社外のネットワークができ、人材市場での価値を高めることができる。**キャリアにとって、プラスにこそなれ、マイナスになることがないのが社内起業**です。

そんな社内起業を通して、たとえそれが成功しようが失敗しようが、未だ解決されない日本の課題と、その課題にあえぐ「まだ見ぬ顧客」のために全力で取り組んだ経験は、きっと人生とキャリアを豊かにしてくれます。そして、1つ目の社内起業が撤退しようが、また立ち上げればいい。

いま、私は、あらゆる社会課題を同時並行的に扱いながら、あらゆる手段を持って事業を立ち上げて課題解決すべく、忙しい毎日を過ごしています。私が取り組む事業の多くは、この後失敗するのかもしれないけれど、それでも、その立ち上がるプロセスで出会うすべての仲間と、すべての経験は、人生を最高に豊かにしてくれます。そして、その中の1つでも何かの課題を解決して、困っている誰かを笑顔にできる、そんな仕事ができるとしたら、それに勝る喜びはないと思っています。

私と同じことをすべての人にしてほしいというわけではありません。でも、多くのサラリーマンが社内起業を通して、日本中のあらゆる課題に対して自発的に取り組む国が作れたら、きっと日本はもっと豊かな国になるはず。社内起業を通して、そんな世界を一緒に作りませんか。

アルファドライブでは、コーポレートビジョン、つまり自分たちの事業を通して作り上げたい社会の形を、こんなふうに定義しています。

「企業の中で働くひとりひとりが主役となって、次々と新しい価値が生まれる、活気ある日本を作る」

そして、このビジョンの上に、人として私が目指す個人的なビジョンがあります。

「すべての差別や格差、偏見のない社会を作る」

こんな想いを持って、私は毎日を過ごしています。

ぜひ、社内起業の第一歩を踏み出しましょう。そして、未だ解決されない日本の課題に対して、一緒に働きましょう。

これでこの本は終わりです。最後まで読んでくれて、本当にありがとうございました。もしも1人でも仲間を増やし、社内起業家をこの社会に増やすことに賛同してくれるなら、本の写真とともに感想をＳＮＳにアップしてくれると嬉しいです（#新規事業の実践論）。私もできるかぎりチェックします。

この本が、読んでくれたあなたにとって、何かの一歩を踏み出すキッカケになりますように。

麻生要一

著者プロフィール

麻生要一（あそう・よういち）
株式会社アルファドライブ代表取締役社長 兼 CEO

東京大学経済学部卒業。現在は、起業家、経営者、投資家3つの顔を持つ。
株式会社リクルート（現リクルートホールディングス）に入社後、IT事業子会社（株式会社ニジボックス）を立ち上げ、150人規模まで事業を拡大後、新規事業開発室長として約1500の新規事業を支援。スタートアップ企業支援プログラム「TECH LAB PAAK」を設立し、約300社の立ち上げを支援したのち起業家に転身し、同時多発的に創業する。2018年2月に企業内新規事業開発を手がける株式会社アルファドライブを創業。4月に医療レベルのゲノム・DNA解析の提供を行う株式会社ゲノムクリニックを共同創業。6月より「UB VENTURES」ベンチャー・パートナーへ就任しベンチャーキャピタリスト業を開始。9月に株式会社ニューズピックスにて非常勤執行役員に就任。

装幀――――小口翔平＋岩永香穂＋三沢稜（tobufune）
本文DTP――朝日メディアインターナショナル
校正――――鷗来堂
編集――――井上慎平
営業――――岡元小夜
事務――――中野薫

一生食える普遍的スキルが身につく
新規事業の実践論

2019年12月 6 日　第1刷発行
2022年 3 月11日　第6刷発行

著者———麻生要一
発行人———金泉俊輔
発行所———株式会社ニューズピックス
〒106-0032 東京都港区六本木 7-7-7 TRI-SEVEN ROPPONGI 13F
電話 03-4356-8988　※電話でのご注文はお受けしておりません。
FAX 03-6362-0600　FAXあるいは左記のサイトよりお願いいたします。
https://publishing.newspicks.com/

印刷・製本—中央精版印刷株式会社

ISBN 978-4-910063-02-7
本書に関するお問い合わせは下記までお願いいたします。
np.publishing@newspicks.com

希望を灯そう。

NEWS PICKS PUBLISHING

「失われた30年」に、
失われたのは希望でした。

今の暮らしは、悪くない。
ただもう、未来に期待はできない。
そんなうっすらとした無力感が、私たちを覆っています。

なぜか。
前の時代に生まれたシステムや価値観を、今も捨てられずに握りしめているからです。

こんな時代に立ち上がる出版社として、私たちがすべきこと。
それは「既存のシステムの中で勝ち抜くノウハウ」を発信することではありません。
錆《さ》びついたシステムは手放して、新たなシステムを試行する。
限られた椅子を奪い合うのではなく、新たな椅子を作り出す。
そんな姿勢で現実に立ち向かう人たちの言葉を私たちは「希望」と呼び、
その発信源となることをここに宣言します。

もっともらしい分析も、他人事のような評論も、もう聞き飽きました。
この困難な時代に、したたかに希望を実現していくことこそ、最高の娯楽《エンタメ》です。
私たちはそう考える著者や読者のハブとなり、時代にうねりを生み出していきます。

希望の灯を掲げましょう。
1冊の本がその種火となったなら、これほど嬉しいことはありません。

令和元年
NewsPicksパブリッシング 編集長
井上 慎平